Ravensburger
Hobbybücher

Alle in diesem Buch veröffentlichten Modelle sind Arbeiten der Verfasserin und urheberrechtlich geschützt. Sie dürfen nur mit ausdrücklicher Genehmigung des Verlages nach Rücksprache mit dem Urheber gewerblich genutzt werden.

Dritte Auflage

Fotos: Manfred Bauer, Buxtehude
Zeichnungen:
Irene Scharwächter, Wuppertal
Printed in Germany 1972
ISBN 3 473 45529 6

Jutta Lammèr

Neuer Schmuck aus Silber und Perlen

40 Halsketten,
Armbänder und Broschen
zum Nacharbeiten

Otto Maier Verlag
Ravensburg

Inhaltsübersicht

Auf ein Wort ...

Modeschmuck ist besonders in den letzten Jahren immer mehr zur selbstverständlichen Ergänzung der Kleidung geworden. Man rechnet ihn heute genauso zu den Accessoires wie Schals, Tücher, Gürtel, Schleifen und Blumen. Modeschmuck wird — im Gegensatz zum echten Schmuck — nicht nach seinem Materialwert beurteilt, sondern allein nach seiner Wirkung.
Diese Wirkung hängt sowohl von der Harmonie zwischen Material und Fasson als auch von der Kombination der Farben ab. Während es zu Anfang des Modeschmuck-Siegeszuges vor fast 10 Jahren noch wichtig war, daß man nur ganz bestimmte Materialien miteinander verarbeitete, so kann man heute sorglos alles kombinieren, was gut aussieht: transparente Glasperlen in dunklen Tönen mit rustikalem Eisendraht, matte Holzperlen mit glänzendem Silberdraht, eckige und runde Holzperlen zusammen an einem Modell — ja, man kann sogar leuchtende Glasperlen auf einen dikken Bindfaden aufreihen, ohne damit einen Stilbruch zu begehen.
Durch diese Sorglosigkeit in der Zusammenstellung des Materials, die uns die aus Indien, Ägypten, Mexiko, Skandinavien, Griechenland und Italien importierten Schmuckstücke vermittelt haben, ergeben sich zahlreiche neue Möglichkeiten und Effekte.
Die in diesem Hobbybuch gezeigten Modelle sollen nicht nur zur Nachahmung, sondern vielmehr zur eigenen phantasievollen Schöpfung anregen. Die erläuterten Techniken lassen sich vielfältig abwandeln, und man kann ohne viel Werkzeug und große handwerkliche Fähigkeiten schöne Schmuckstücke herstellen, die neben den gekauften, oft sehr teuren Modellen durchaus bestehen können. Allerdings ist eine Voraussetzung dazu nötig: Man muß sorgfältig arbeiten und sehr selbstkritisch sein.

Material und Werkzeug

Die Auswahl an Perlen, die man kaufen kann, ist heute sehr groß. Man unterscheidet zwischen transparenten und nicht transparenten Glas- und Kunststoffperlen, zwischen Porzellanperlen (die meistens aus Keramik sind) und echten Porzellanperlen; zwischen echten Kristallperlen und Kristall-Imitationen (gepreßte Glas- oder Kunststoffperlen). Schließlich gibt es noch neben Holzperlen in vielen Ausführungen die sogenannten Wachsperlen, die früher häufig echte Perlen vortäuschen sollten. Heute haben diese Wachsperlen – Glasperlen mit einem mattglänzenden Kunststoffüberzug – die gleiche Bedeutung wie die anderen Modeperlen. In jüngster Zeit kommen mehr und mehr hochglänzende Perlen und Kugeln aus Metall (Eloxal) in den Handel, jedoch sind sie augenblicklich noch nicht überall zu haben.

Die gebräuchlichsten Verschlüsse sind: Schraubschlösser, Federringschlösser und Schnappschlösser. Letztere sind meistens mit Ösen zum Einhängen mehrerer Kettenreihen versehen. Die genannten Schlösser verwendet man allerdings fast ausschließlich für Ketten mit Perlen, die auf Fäden aufgereiht sind. Halsreifen und Gliederketten aus Silber versieht man grundsätzlich mit selbstgemachten Verschlüssen, die zum Stil des Schmuckstückes passen.

Die in diesem Hobbybuch gezeigten Modelle wurden vorwiegend aus Silberdraht gemacht. Silberdraht ist ein versilberter Kupferdraht. Man kann selbstverständlich auch echtes Silber nehmen. Diesen Draht nennt man »Draht aus echtem Silber« oder »silbernen Draht«. Wenn man beim Kauf »Silberdraht« verlangt, bekommt man den oben beschriebenen Draht mit Kupferkern. Silberner Draht ist nicht nur teurer, sondern auch weicher als der sogenannte Silberdraht. Draht aus echtem Silber läßt sich deshalb leichter verarbeiten. Nachteil: Das Modell verformt sich bei zu großer Belastung. Man kann sowohl silbernen Draht als auch Silberdraht durch Klopfen mit einem Polierhammer etwas härten. Das setzt aber einige Erfahrung mit dem Material voraus, da sich die fertig gebogene Drahtform durch das Behämmern dehnt und verändert.

Sehr hübsche Modelle kann man auch aus reinem rotschimmerndem Kupferdraht herstellen.

Alle genannten Drahtsorten gibt es als Runddraht und als Flachdraht – gelegentlich auch mit »Banddraht« bezeichnet. Die gebräuchlichsten Stärken reichen von 0,5 bis 1,5, höchstens 2 mm. Stärkerer Draht ist für die Verarbeitung durch Laien ungeeignet, es sei denn, man macht ein großzügig gewundenes Spiralarmband (Modell Seite 11) oder ein Ringarmband mit abgeflachten Enden (Modell Seite 9) daraus. Ganz neu auf dem Markt – jedenfalls für diesen Zweck – ist geschwärzter (brünierter) Eisendraht. Er ist billig, jedoch infolge seiner Härte nicht so leicht zu verarbeiten, wie das zuvor erwähnte Material. Man kann auch ungeschwärzten Eisendraht nehmen und ihn durch eine in der Drogerie erhältliche Brünierflüssigkeit selbst »auf antik« einfärben.

Die zu wählende Drahtstärke hängt

von der Art des Modells ab, das man daraus herstellen will. Faustregel: Der Durchmesser einzelner Kettenglieder soll das acht- bis zehnfache der Drahtstärke nicht überschreiten. Das heißt also: aus 1-mm-Draht kann man Kettenglieder von 1 cm Durchmesser arbeiten. Das gilt vor allem für den weichen silbernen Draht. Bei Silberdraht (mit Kupferkern) kann man etwas großzügiger verfahren, und bei Eisendraht darf man von dieser Regel ein wenig abweichen, insbesondere wenn in einer Kette größere und kleinere Glieder wechseln.

Manschettenknöpfe, Ohrclips, Broschen und zuweilen auch Kettenverschlüsse arbeitet man auf vorgefertigte Metallteile, »Monturen« genannt. Eine Montur besteht aus dem oberen Teil, dem »Sieb«, und dem unteren Teil, »Mechanik« bezeichnet. Auf das Sieb arbeitet man die Perlenverzierung für das jeweilige Schmuckstück. Danach werden Sieb und Mechanik durch kleine Metallklammern, die an der Mechanik sitzen, miteinander verbunden.

Zu erwähnen sind noch die Kalotten. Man unterscheidet »Muschelkalotten« und »Quetschkalotten«, auch »Stopper« genannt. Diese »Stopper« sind kleine Ringe aus Metall, die man vor und hinter eine Perle setzt und

Muschelkalotten

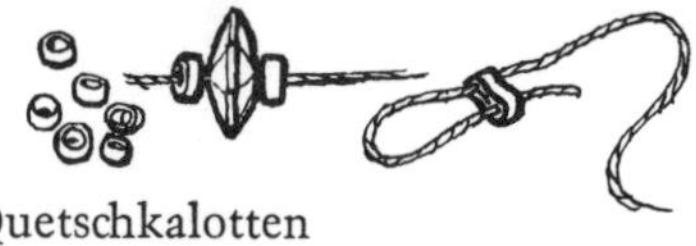

Quetschkalotten

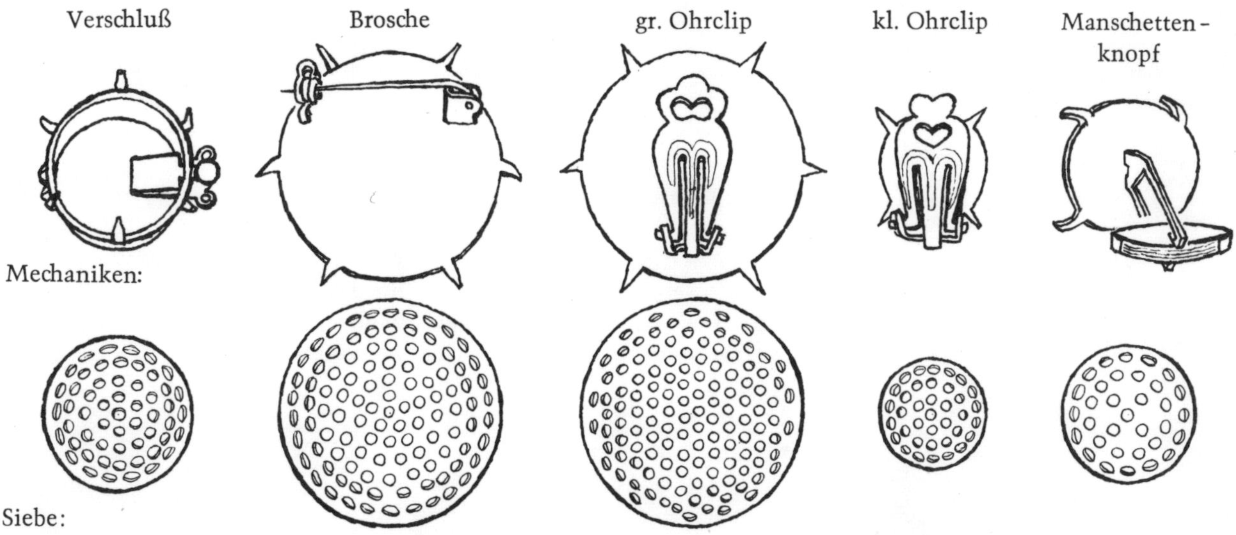

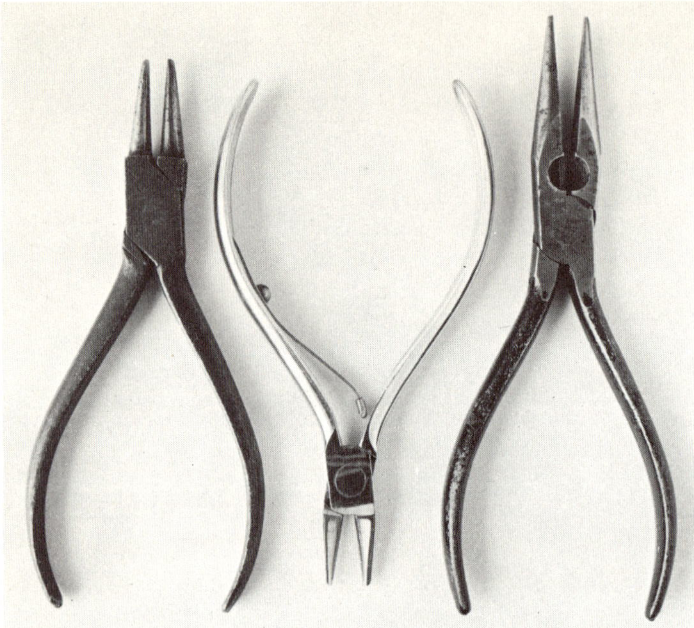

Rundzange, Seitenschneider und Flachzange sind die wichtigsten Werkzeuge für das Gestalten mit Draht

mit der Zange flachquetscht. Dadurch bleibt die Perle (bei Ketten mit Zwischenräumen) an ihrem vorgesehenen Platz. Die Muschelkalotten bestehen aus 2 zusammenhängenden muschelförmigen Metallteilchen, an denen eine kleine Öse sitzt. Man verwendet sie, um einen sauberen Kettenabschluß zu bekommen. Das Fadenende einer Perlenreihe wird dazu zu einem Mehrfachknoten zusammengeknüpft. Diesen Knoten legt man dann in eine Hälfte der Muschelkalotte, biegt die andere Hälfte darüber und drückt sie mit der Flachzange fest zu. Der unschöne Knoten ist kaschiert und kann sich nicht auflösen. Die Öse der Kalotte wird in die am Kettenverschluß befindliche Öse eingehakt und zugebogen.

Das Foto zeigt die wichtigsten Werkzeuge: Rundzange, Seitenschneider und Flachzange. Rund- oder Flachzangen sind häufig mit einem Seitenschneider ausgerüstet, so daß man auf das separate Instrument – man braucht es zum Abzwicken der Drahtabschnitte – verzichten kann. Man sollte ferner noch eine kleine Schlüsselfeile haben, die es billig im Eisenwarengeschäft zu kaufen gibt. Wer Draht hämmern möchte, braucht dazu einen Polierhammer mit abgerundeten Schlagenden, etwa 250 g schwer. Es ist ratsam, zunächst aus nicht zu starkem Draht ein paar Formen aus freier Hand zu biegen, um ein Gefühl für das Material zu bekommen. Erst dann sollte man mit einem einfachen Modell anfangen.

Aus freier Hand gebogen

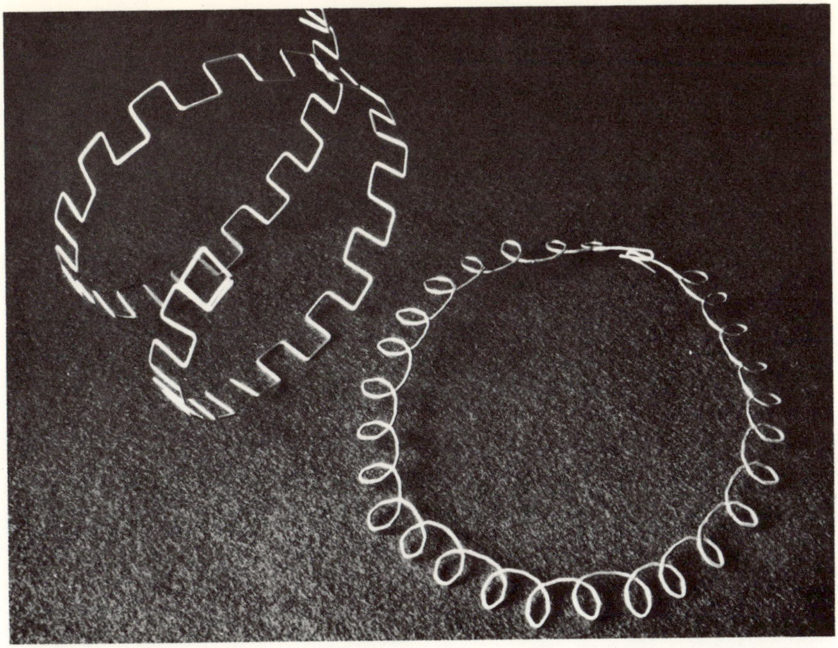

Aus diesen beiden Grundformen kann man allmählich weitere Phantasieformen entwickeln

Beim Gestalten mit Draht geht man von den beiden Grundformen aus, die das Foto zeigt. Bei dem linken Beispiel ist der Draht hochkant verarbeitet, so daß sich eine Bandform ergibt, während das rechte die flache Verarbeitung zu einer Ringform zeigt. Diese unterschiedlichen Grundformen, deren Muster man unendlich abwandeln kann, sind wichtig für die Gestaltung von verschiedenen

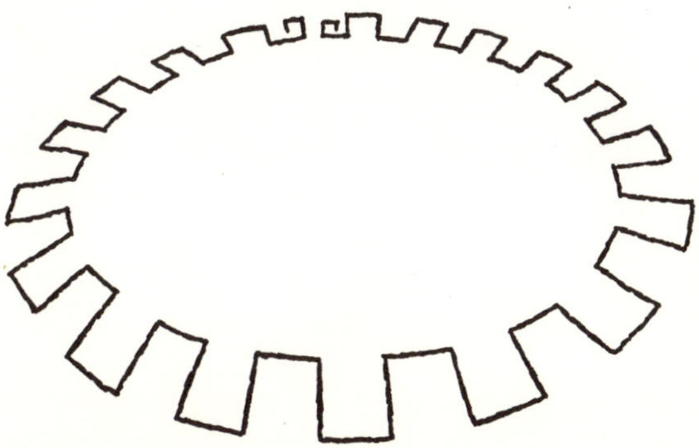

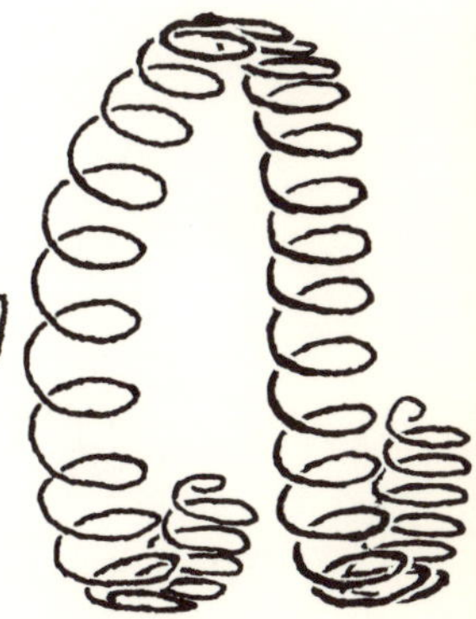

Schon ein Anfänger kann solche einfachen, aber in der Form guten Schmuckstücke aus Kupferdraht machen

Schmuckstücken. Es empfiehlt sich, die gezeigten Muster auch in umgekehrter Form – die Kästchen als Ring und die Bogen als Band – zu arbeiten, um die Handhabung der Flachzange, die man dazu braucht, ein wenig zu üben und das Augenmaß zu schulen. Dann kann man schon an das erste Schmuckstück, eine Kette aus Kupferdraht mit einzelnen Gliedern in zwei verschiedenen Formen, herangehen.

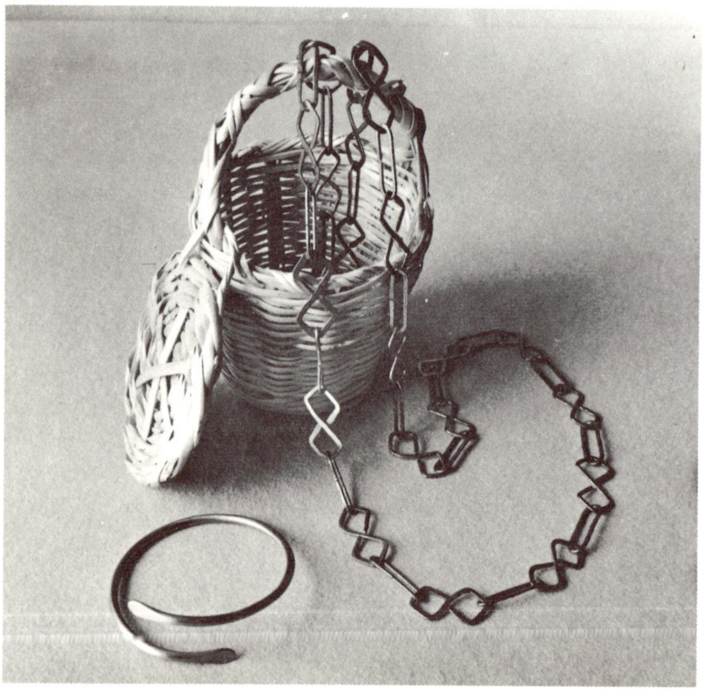

Gliederkette aus Kupferdraht

Für diese Kette schneidet man von einem 1 mm starken Kupferdraht – es darf natürlich auch Silberdraht sein – 21 Stücke mit je 5 cm und 21 Stücke mit je 8 cm ab und biegt sie mit der Flachzange so, wie es die beiden Zeichnungen zeigen. Bevor man die einzelnen Glieder ganz zusammenbiegt, werden sie zu einer langen Kette ineinandergehängt. Wer es von Anfang an besonders gut machen will, bearbeitet die Drahtabschnitte vor dem Biegen in die Form an den Enden mit einer Schlüsselfeile, so daß sich später ganz saubere »Nahtstellen« ergeben. Durch das Abzwicken mit dem Seitenschneider entstehen nämlich kleine Grate und Unregelmäßigkeiten am Metall.

Ist die Kette fertig, poliert man sie mit einem Leinentuch und bestreicht sie anschließend mit Zaponlack. Dadurch wird das Anlaufen des Metalls und das mögliche Abfärben auf die Kleidung verhindert.

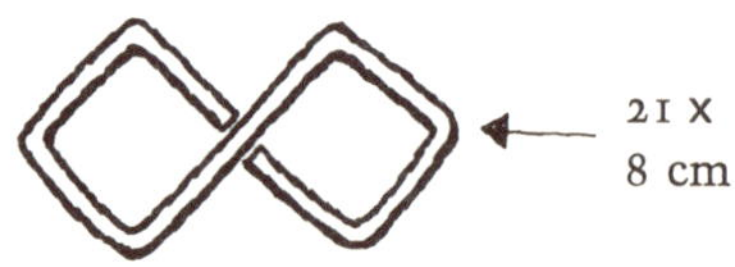

Bei dem Modell auf dem Foto wurden die fertigen einzelnen Kettenglieder aus Runddraht mit dem Polierhammer auf einer festen Unterlage (roter Backstein) flachgeklopft. Das ist aber nicht unbedingt nötig. Auch aus Runddraht sieht die Kette sehr dekorativ aus. Man kann die Kette auch gleich aus Flachdraht machen, jedoch ist er ein wenig schwieriger zu verarbeiten und erfordert besonders exakte Ausführung.

Spiralarmband

Die richtige Form eines Spiralarmbandes herauszuarbeiten ist nicht ganz einfach, weil man dazu einen 1,8 mm starken Kupferdraht braucht, der sich schwer biegen läßt. Deshalb muß man zu einer Hilfsmaßnahme greifen, die die Arbeit erleichtert. Zunächst schneidet man ein etwa 40 cm langes Stück Draht ab. Da ein Seitenschneider zu schwach für diese Metallstärke ist, nimmt man eine Kneifzange dazu, legt sie mit der einen Backe auf einen Stein und schlägt auf die andere Backe mit dem Hammer. Wer keine Kneifzange hat, muß den Draht an der zu teilenden Stelle flachklopfen. Danach läßt er sich mit dem Seitenschneider zerteilen.

Aus dem 40 cm langen Abschnitt windet man zuerst einen großen Ring, dessen Enden man allmählich immer weiter kreuzweise übereinanderzieht, bis ein kleiner Ring in der gewünschten Armbandweite entsteht. Dabei werden die Drahtenden ebenfalls gebogen, so daß sich allmählich eine Doppelspirale (siehe Zeichnung) ergibt. Hat man die gewünschte Form erzielt, werden die zu langen Drahtenden auf die oben beschriebene Weise abgezwickt. Anschließend bearbeitet man die Enden des Armbandes, die spiralenförmig übereinandergreifen, mit dem Polierhammer, so daß sie abgeflacht sind, und feilt sie zu stumpfen Spitzen (siehe Foto Seite 10). Das fertige Armband wird mit einem Tuch kräftig abgerieben und mit Zaponlack überstrichen.

Aus 40 cm Abschnitt (1,8 mm) Doppelspirale winden

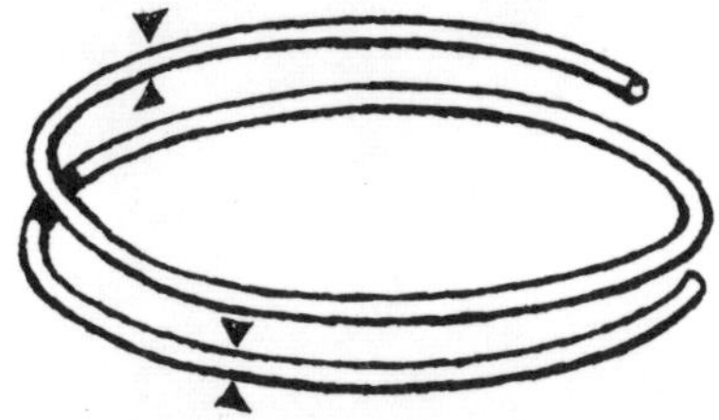

bei ⧗ abschneiden

Halsschmuck aus starren Silberreifen

Nie zuvor waren Silberreifen mit festen oder lose hängenden Verzierungen so beliebt wie heute. Die Idee kommt aus Finnland, wo man diese Schmuckstücke zu hochgeschlossenen oder ausgeschnittenen, meist kragenlosen Kleidungsstücken trägt.

Solche starren Halsreifen anzufertigen ist nicht schwer, die folgenden Beispiele beweisen es.

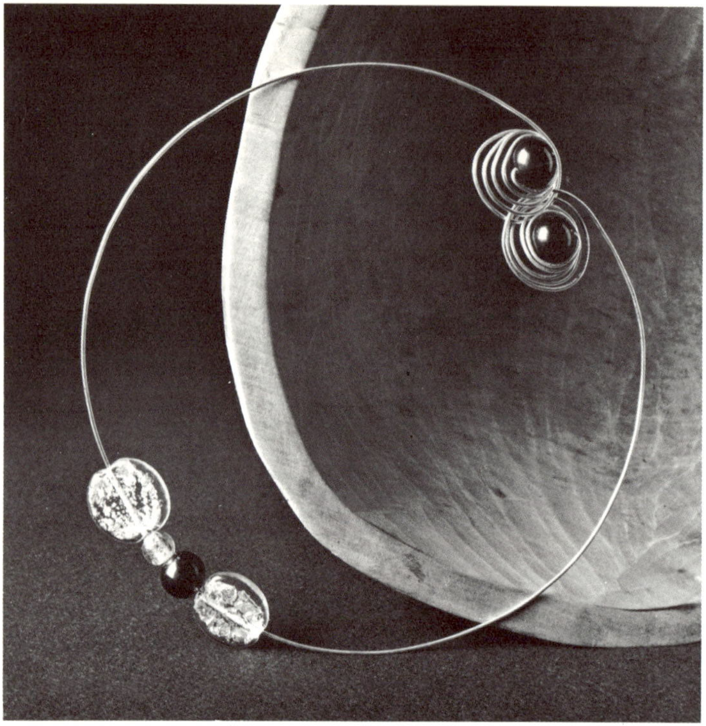

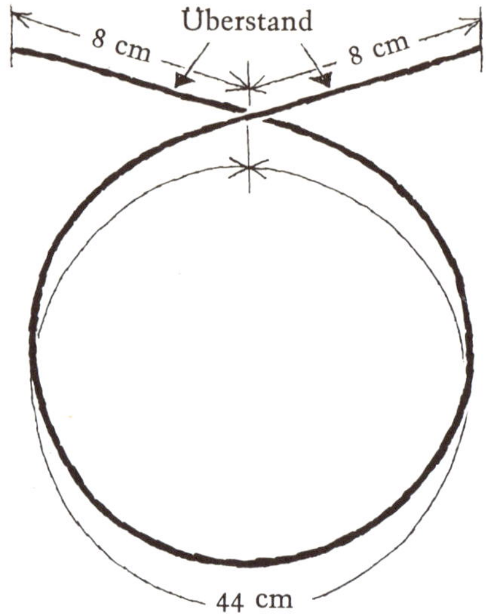

Bei diesem Silberreif kann man den Spiralenverschluß nach hinten oder nach vorn tragen (oben)

Der Silberreif mit roten und blauen Glasperlen ist ein sehr dekorativer Schmuck, der besonders bei Kunstlicht wirkt (rechts unten)

Silberreif mit Spiralenverschluß

Für dieses Schmuckstück braucht man einen 60 cm langen Abschnitt Silberdraht oder echt silbernen Draht, 0,8 bis 1 mm stark. Ferner 3 rote transparente Glasperlen, 2 flache Glasperlen mit Silbereffekt und 1 kleinere runde Glasperle mit Silbereffekt.

Zuerst wird der Drahtabschnitt zum Ring gebogen, und zwar so, daß die beiden Enden sich überkreuzen und jeweils noch 8 cm überstehen (siehe Zeichnung). Nun schiebt man auf den Ring die 3 Perlen mit Silbereffekt und die eine rote Perle in der Reihenfolge, wie auf dem Foto zu sehen. (Selbstverständlich kann man auch andere Perlenkombinationen wählen.) Die Perlen sollten möglichst so kleine Löcher haben, daß sie stramm auf den Draht passen und sich kaum verschieben lassen. Sitzen die Perlen zu locker, so bringt man unmittelbar vor und hinter der Perlengruppe eine Quetschkalotte (siehe Kapitel »Material und Werkzeug«) an, dann können die Perlen nicht mehr verrutschen.

Die beiden 8 cm langen Überstände werden mit der Flachzange zu gleichmäßigen Spiralen gewunden. Zuvor schiebt man jeweils eine rote Glasperle auf das Drahtende und windet den Draht ohne Spannung viermal um die Perle herum. Dabei muß die letzte Windung auf einer Seite nach links, auf der anderen nach rechts auslaufen und somit in den Halsreif übergehen. Danach drückt man mit dem Finger von unten gegen die Perlen, so daß die Spiralen sich nach oben wölben, etwa wie bei einem Schneckenhaus. Damit ist der Halsschmuck fertig.

Zum Schließen werden die beiden Spiralen einfach zusammengehakt (siehe Foto). Die 4 in der Halsreifmitte angebrachten Perlen sind mehr als nur Zierde: sie bilden einen Ausgleich gegen den verhältnismäßig schweren Verschluß, der ohne dieses Gegengewicht leicht verrutschen würde. Will man den dekorativen Verschluß vorn tragen, kann man auf die 4 aufgereihten Perlen verzichten.

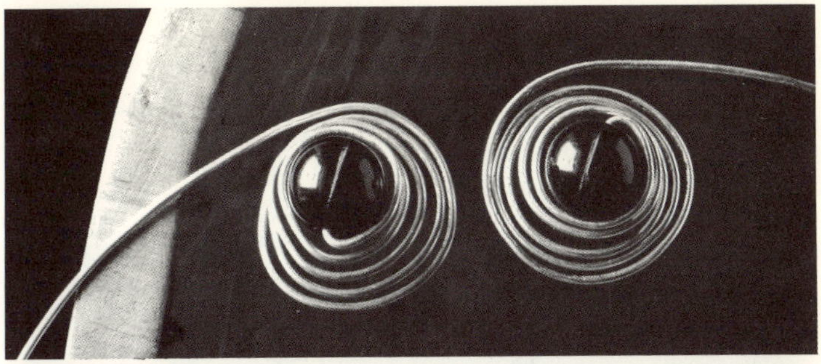

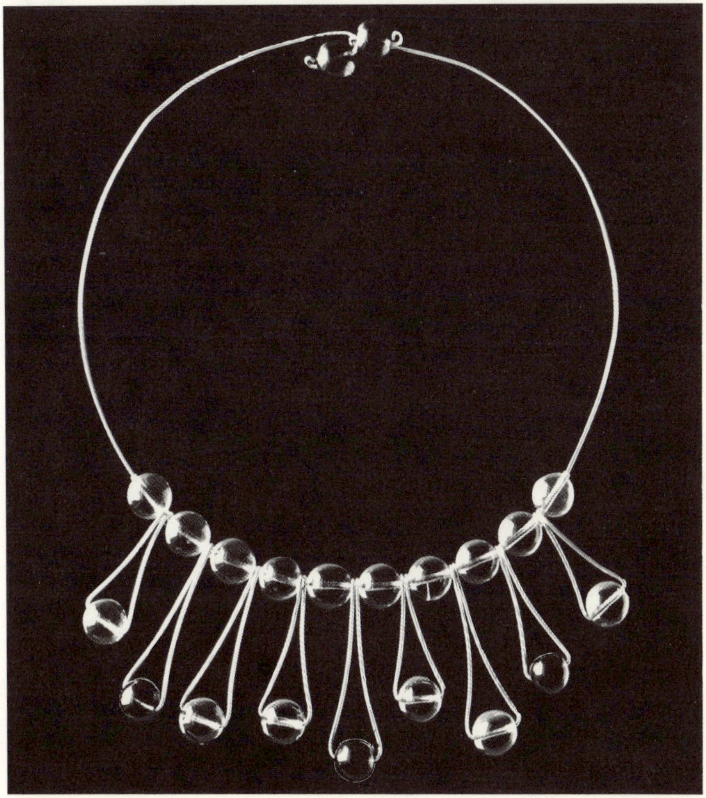

Halsreif mit starren Anhängern

Material: Ein Stück Silberdraht mit Kupferkern oder echt silberner Draht, je nach Halsweite 48 bis 50 cm lang, 0,8 bis 1 mm stark, 4 Abschnitte à 11, 3 à 9 und 2 à 7 cm in der gleichen Stärke, ferner 5 rote und 16 dunkelblaue transparente Glasperlen, alle gleich groß.

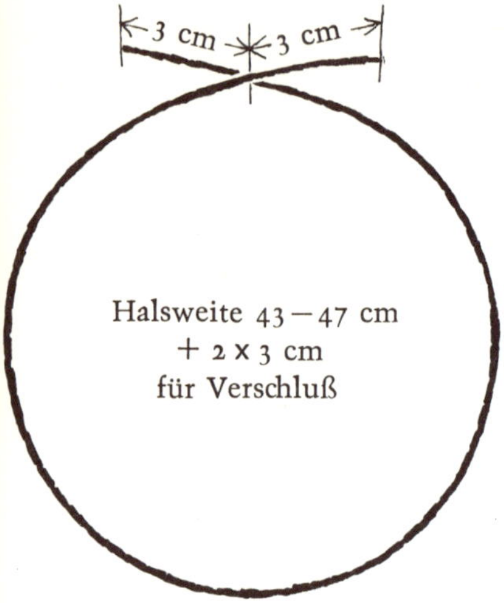

Arbeitsweise: Der lange Draht wird zu einem Ring gebogen, dessen Enden sich so überkreuzen, daß sie an jeder Seite 3 cm überstehen. Aus diesen Überständen wird später ein Hakverschluß gearbeitet. Die richtige Halsweite probiert man am besten durch Umlegen des Drahtringes aus und korrigiert sie, wenn es nötig ist, durch Kürzen.

Jetzt werden 9 Anhänger aus Draht und Perlen gearbeitet. Das ist ganz einfach: Auf jeden der Drahtabschnitte wird in die Mitte eine Perle geschoben. Dann werden die Drahtenden mit der Flachzange rechts und links neben der Perle aufwärts oder abwärts wie eine Haarnadel gebogen. Das Aufwärtsbiegen geht besser, da die Perle nicht wegrutschen kann. Man arbeitet von den 4 je 11 cm langen Abschnitten 2 mit einer blauen und 2 mit einer roten Perle. Alle Abschnitte werden auf die gleiche Weise mit Perlen versehen und gebogen. Von den mittleren, 9 cm langen Stükken werden 2 mit blauen Perlen und 1 mit einer roten Perle versehen, während die kurzen, 7 cm langen Abschnitte in der Mitte eine blaue Perle haben. Ist das geschehen, werden alle 18 Drahtenden der 9 Anhänger mit der Rundzange gleichmäßig nach hinten zu kleinen Ösen umgebogen (siehe Zeichnung). Die Ösen müssen so groß sein, daß der große Halsreif durch sie hindurchgeschoben werden kann. Damit alle Ösen gleichmäßig werden, markiert man an den Backen der Rundzange mit einem Bleistift genau die Stelle, an der man den Draht zum Biegen einschiebt und um die Zange windet (siehe Zeichnung).

Die beiden Schenkel jedes Anhängers werden jetzt durch Fingerdruck einmal federnd kreuzweise übereinandergebogen (siehe Zeichnung), dadurch liegen die Ösenpaare dicht nebeneinander. Schließen sie trotzdem nicht ganz, so wird das später durch die Perlen, zwischen denen die Anhänger sitzen, erreicht. Ist alles so-

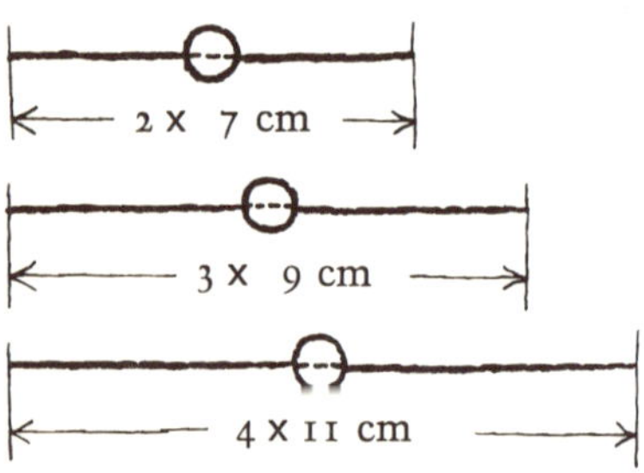

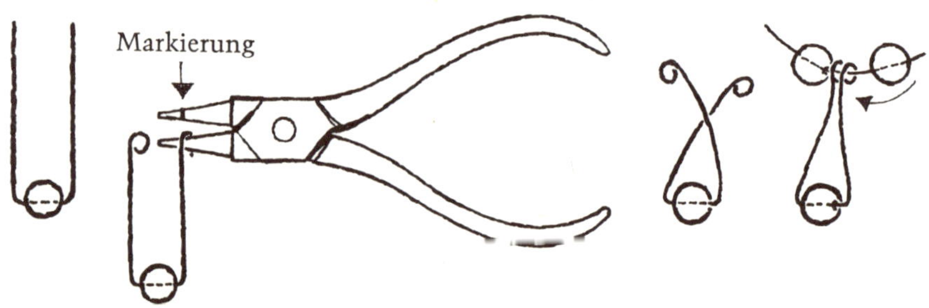

weit vorbereitet, werden abwechselnd dunkelblaue Perlen und Anhänger auf den Halsreif geschoben, und zwar von links nach rechts in folgender Anordnung: kleiner Anhänger mit blauer Perle, mittlerer mit roter Perle, großer mit blauer Perle, kleiner mit blauer Perle, großer mit roter Perle (Mitte), mittlerer mit blauer Perle, großer mit blauer Perle, großer mit roter Perle, mittlerer mit blauer Perle. Wenn Perlen und Anhänger so zurechtgeschoben worden sind, daß die Verzierung genau in der Mitte des Halsreifs sitzt, schiebt man rechts und links eine Quetschkalotte dicht neben die Perlengruppe und drückt sie fest. Für den Verschluß werden die beiden Enden des Halsreifs jeweils 3 cm weit umgebogen, und zwar das eine Ende seitlich nach innen und das andere aufwärts, wie es die Zeichnung zeigt. Dann schiebt man jeweils 1 rote Perle auf die Drahtenden und rollt die Überstände zu winzigen Ösen zusammen.

Verschluß

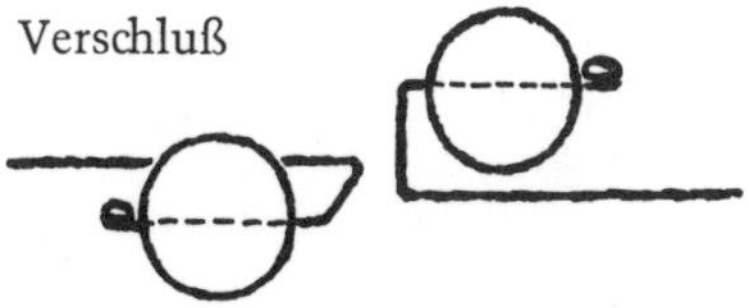

Halsreif mit beweglichen Anhängern

Material: Ein Stück Silberdraht, je nach Halsweite 48 bis 50 cm lang, 0,8 bis 1 mm stark; 8 Drahtabschnitte, 2 cm lang und 0,5 mm stark; 8 Silberdrahtstifte mit Kopf, 3 cm lang; 29 rote transparente Glasperlen, etwa 15 mm Durchmesser; 2 Quetschkalotten. Silberdrahtstifte mit Kopf, die wie lange Stecknadeln aussehen, bekommt man in den Geschäften, die Schmuckzubehör führen. Sie sind in kleinen Tüten abgepackt.

Der Halsreif mit Hakverschluß wird genauso gearbeitet, wie beim vorigen

Zu hochgeschlossenen schlichten Kleidungsstücken paßt der Halsreif mit den transparenten roten Glasperlen am besten

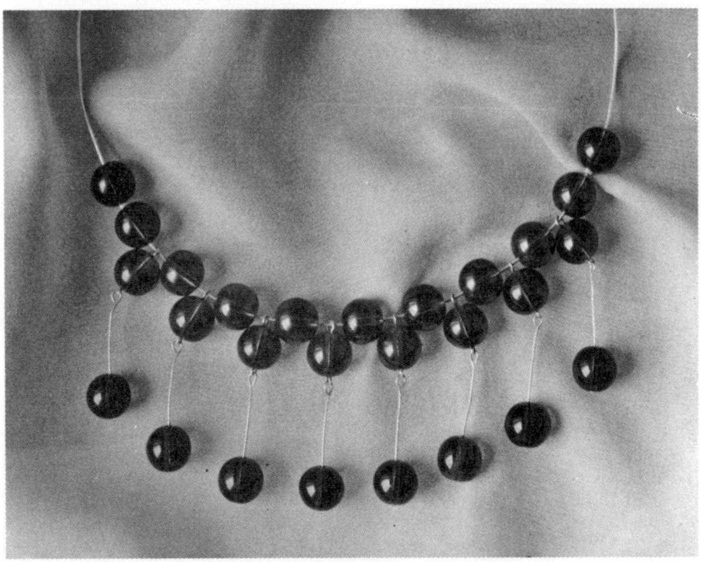

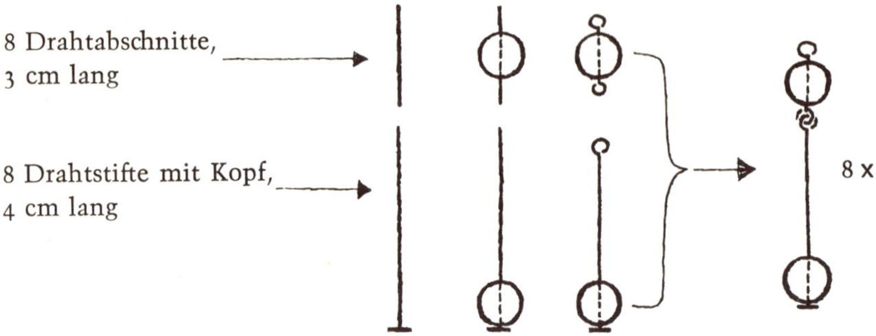

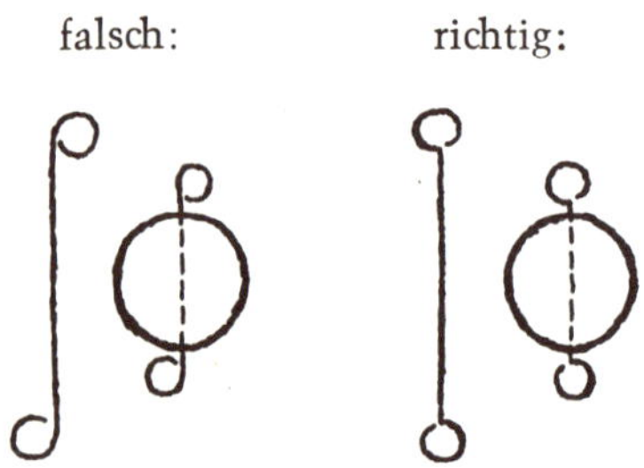

Die Garnitur dieses schlichten Silberreifs ist zweiteilig: sie besteht aus einer Brosche und drei Pendel-Anhängern (rechts)

Modell beschrieben. Die Perlenanhänger macht man so:

Die kurzen Drahtabschnitte werden durch 8 Perlen geschoben und jeweils an beiden Enden mit der Rundzange zu kleinen Ösen gebogen. Wie solche Ösen aussehen müssen, zeigen die Zeichnungen. Danach schiebt man auf je einen Silberdrahtstift mit Kopf ebenfalls eine Perle und biegt das Schnittende zur Öse, die man ein wenig offenläßt. Nun werden die langen Drahtstifte mit den Perlen daran in die Ösen der kleineren Drahtabschnitte eingehängt und zugedrückt.

Bevor man den Hakverschluß arbeitet, reiht man Perlen, Kalotten und Anhänger in folgender Anordnung auf den Halsreif: rote Perle, Quetschkalotte, rote Perle. Danach folgen abwechselnd Anhänger und Perlen. Hinter die letzte Perle nach dem 8. Anhänger setzt man wieder eine Quetschkalotte und reiht dann die letzte Perle auf. Die beiden Kalotten brauchen nicht zusammengedrückt zu werden. Sie sollen lediglich die bei den übrigen Perlen durch die Anhänger entstandenen Zwischenräume schaffen.

Der Halsreif ist fertig, nachdem man den Hakverschluß gearbeitet hat.

Selbstverständlich kann man auch andere Perlen als die beschriebenen nehmen. Sie sollten aber möglichst kugelförmig sein und einen Durchmesser von 13 bis 15 mm haben, damit zwischen Metall und Perlen ein ausgewogenes Verhältnis bestehen bleibt.

Halsreif mit auswechselbarer Verzierung

Wer mehrere moderne Schmuckstücke mit starrem Halsreif besitzen möchte, kommt mit einem separaten Halsreif aus, wenn er diesen mit einer lose einzuhakenden Halterung für verschiedene Anhänger versieht. Je nach Art des Kleidungsstücks kann der Halsschmuck dann abgewandelt werden. Man kann einen solchen Halsreif sogar, wie auf dem Foto zu sehen, mit Anhängern und einer Brosche kombinieren. Auf diese Weise hat man die Möglichkeit, auch die Brosche noch als einzelnes Schmuckstück zu tragen.

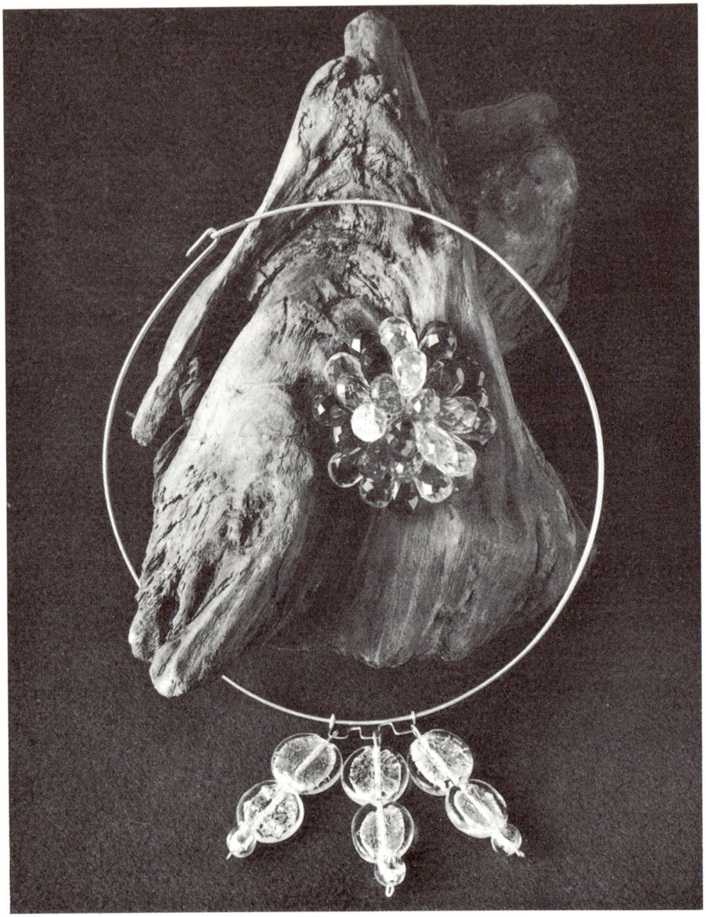

Hier noch einmal der Halsreif von Seite 17 mit separater Brosche

Der Halsreif vom Foto ist 44 cm weit. Zu seiner Herstellung braucht man ein 48 cm langes Stück echt silbernen Draht, 1,5 bis 2 mm stark, das zu einem weiten Ring gebogen wird. Dabei sollen die Drahtenden, die man mit der Schlüsselfeile etwas abflacht und von Graten befreit, sich nicht überschneiden, sondern etwa 2 cm weit auseinanderstehen. Dadurch hat der Reif nach dem Zusammenhaken Spannung und kann sich nicht von selbst öffnen.

Den Hakverschluß macht man so, wie es das Detailfoto deutlich zeigt: Man biegt das eine Drahtende etwa 2 cm seitlich um, das andere aufwärts – ebenfalls 2 cm. Würde man beide Enden zur Seite biegen, entstünden nicht Haken und Öse, sondern 2 Ösen.

Es empfiehlt sich, den Halsreif aus echtem Silber zu arbeiten, da die Versilberung bei Silberdraht mit Kupferkern sich durch die lose eingehängte Halterung mit der Zeit abscheuern würde.

Die Halterung arbeitet man ebenfalls aus echt silbernem Draht von ca. 1 mm Stärke: Ein 8 cm langer Abschnitt wird zu einer Form gebogen, wie sie die Skizze zeigt. Man beginnt dabei in der Mitte, indem man den Draht so aufwärts biegt, daß das dazwischen verlaufende waagerechte Stück 5 mm breit ist. Für diese Arbeit benutzt man eine Flachzange. Die letzten beiden aufwärts gerichteten Biegungen links und rechts werden mit von vorn nach hinten gebogenen Ösen versehen, die man erst ganz zusammendrückt, wenn man sie über den Silberreif gehakt hat.

Die Anhänger kann man beliebig gestalten. Bei dem Modell auf dem Foto wurden je 2 flache Perlen und eine kleinere runde Perle mit Silbereffekt auf einen 7 cm langen Drahtabschnitt geschoben, dessen Enden zu kleinen Ösen gebogen wurden (siehe Zeichnung). Diese Anhänger werden in die waagerechten Stege der Halterung eingehängt. Es empfiehlt sich nicht, sie ohne Halterung direkt am Halsreif anzubringen, da sie zu dicht zusammenrutschen und fast übereinander hängen würden.

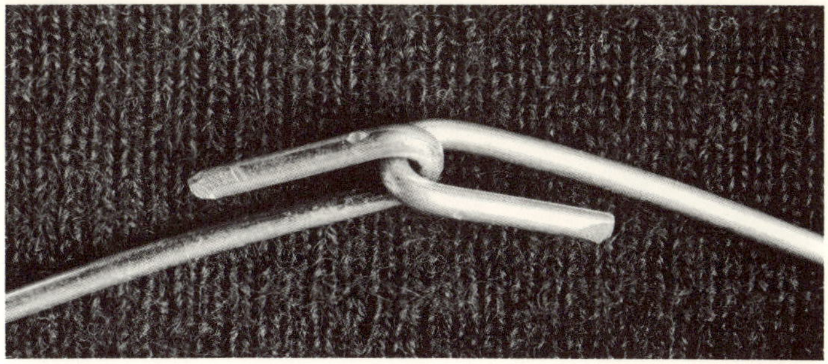

Eine der vielen Möglichkeiten, einen Verschluß zu arbeiten

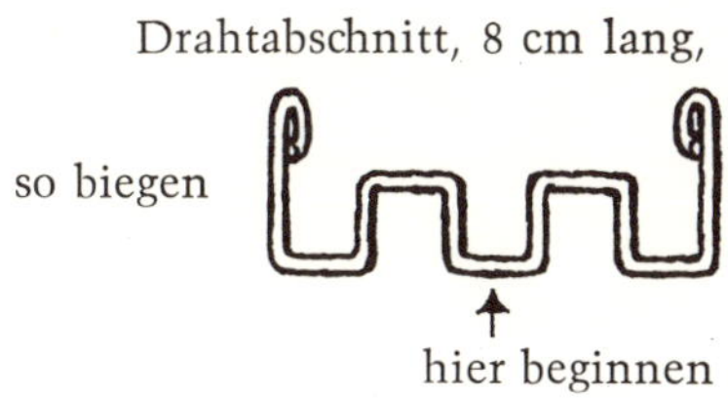

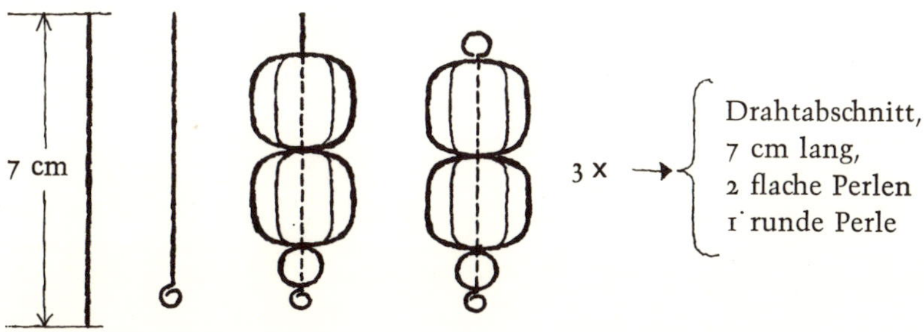

Das Formen mit Hilfsmitteln

Erst wenn man durch das Gestalten aus freier Hand ein sicheres Gefühl für das Material bekommen hat, sollte man sich der hier aufgeführten Hilfsmittel bedienen. Sie sind überall dort angebracht, wo es gilt, mehrere Teile (Kettenglieder oder zusammenhängende Elemente) von gleicher Form herzustellen.
Ein einfaches Hilfsmittel, um runde Kettenglieder, also Ringe, herzustellen, sind Rundstäbe. Das können runde Bleistifte, dicke Nägel, Dübelhölzer oder Kochlöffelstiele sein. Von ihrer Stärke hängt die Größe der Ringe ab. Die Ringe entstehen, indem man nicht zu starken Draht (0,5 bis 0,8 mm) in dicht nebeneinanderliegenden Windungen um den Rundstab wickelt. Dabei muß man den Drahtanfang gut festhalten oder ihn besser noch in einer Kerbe des Stabes befestigen. Hat man genügend Spiralen gewickelt, zieht man sie vom Rundstab herunter und zwickt sie mit dem Seitenschneider zu Ringen auseinander. Diese Ringe können

Aufbiegen
der einzelnen Kettenglieder

richtig falsch

Verschiedene Formen,
mit Hilfe von sogenannten »Faulenzern« gebogen

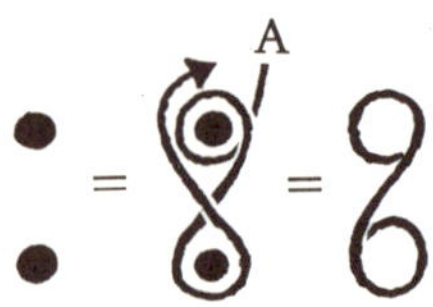

A = Anfang gut festhalten

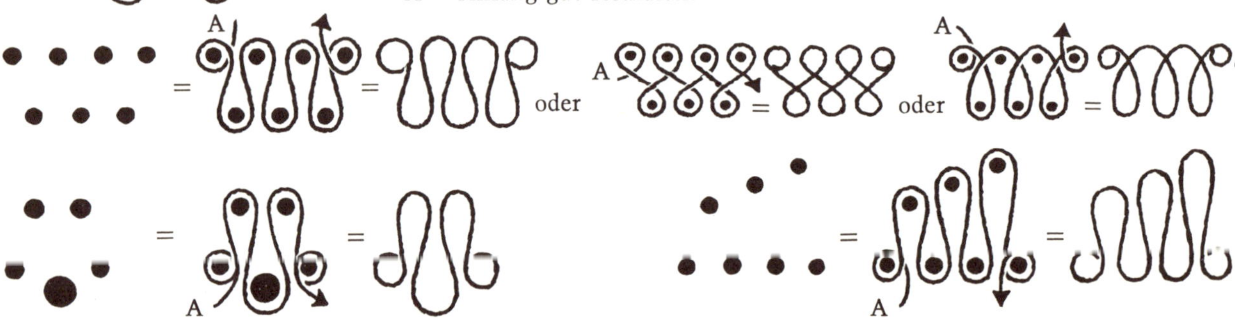

auch zwei- oder dreifach sein, das kommt ganz auf das Vorhaben an. Die Ringe werden an den Enden mit der Schlüsselfeile bearbeitet, damit sich glatt schließende Fugen ergeben. Auf die gleiche Weise kann man auch quadratische oder rechteckige Kettenglieder herstellen, indem man statt des Rundstabes eine Vierkantleiste nimmt.

Wichtig ist das richtige Aufbiegen der einzelnen Ringe, sei es, um sie nur ineinanderzuhaken oder um sie zusätzlich mit Perlen zu versehen. Die Zeichnung zeigt das fehlerhafte und das richtige Vorgehen: Man biegt die Enden des Ringes nicht seitlich auseinander, sondern zieht das eine Ende nach vorn, das andere nach hinten in einer Gegenbewegung. Ringe, die einfach seitlich auseinandergebogen werden, bekommen in der der Fuge gegenüberliegenden Mitte einen unschönen Knick und verformen sich. Diese Verformung ist nur sehr schwer oder gar nicht zu korrigieren.

Ein weiteres Hilfsmittel zur Herstellung gleichmäßiger Formen sind sogenannte »Faulenzer«. Es handelt sich dabei um dicke Nägel ohne Köpfe (abgezwickt), die in einer bestimmten Anordnung in ein nicht zu weiches Brett geschlagen werden. Um diese Nägel herum wird der Draht gewunden und anschließend nach oben von der Lehre – wie solche »Faulenzer« eigentlich heißen – heruntergezogen. Die Zeichnungen zeigen ein paar Beispiele für Formen, die man mit »Faulenzern« arbeiten kann. Es ist wichtig, daß man bei dieser Arbeit den Anfang des Drahtes zweimal um denselben Nagel windet, um ihn zu befestigen. Dieses überflüssige Drahtstück wird später abgezwickt.

Für den Laien, der nur zu seinem Vergnügen mit Schmuckdraht arbeitet, ist der »Faulenzer« eine sehr gute Hilfe. Vom Standpunkt der Werkerziehung wie auch vom künstlerischen Standpunkt aus ist er allerdings umstritten.

Kette mit Silberringen und Glasperlen

Material: Je nach Ausführung 51 oder 46 Glasperlen, oliv mit Silbereffekt, erbsengroß, 1,10 m echt silberner Draht, 1 mm stark.

Werkzeug: Flachzange mit Seitenschneider (oder separater Seitenschneider), Schlüsselfeile, Rundstab, knapp 1 cm Durchmesser.

Der Draht wird in zwei gleich lange Abschnitte geteilt. Aus der einen Hälfte wird der Halsreif gemacht. Dazu schiebt man eine der Glasperlen bis zur Mitte auf den Draht und biegt ihn an beiden Seiten der Perle aufwärts. Die Zeichnungen 1 bis 3 zeigen, wie man weiter verfahren muß, um die 5 erforderlichen Perlen, die

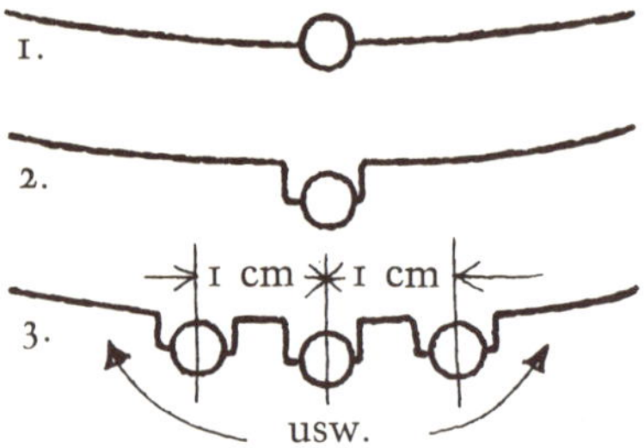

5 Ringe mit je 3 Perlen versehen
und untereinanderhängen

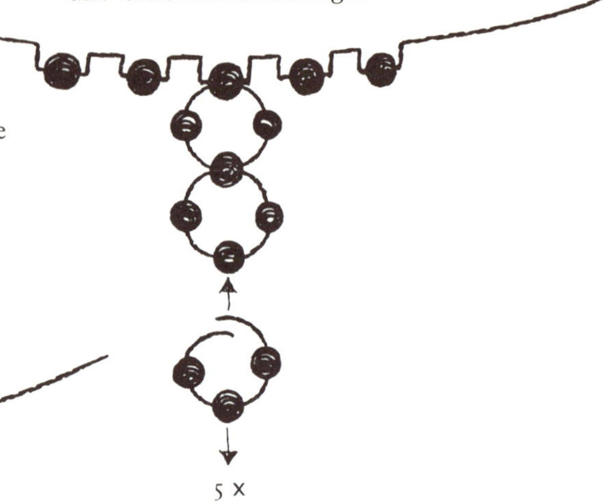

1. Phase

2 x 5 Ringe mit je 2 Perlen versehen,
untereinander, sowie seitlich rechts und
links der Mittelseite ineinanderhängen

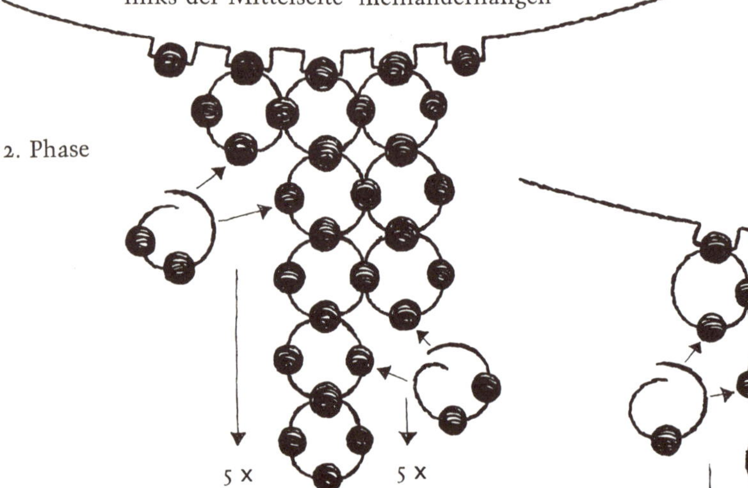

2. Phase

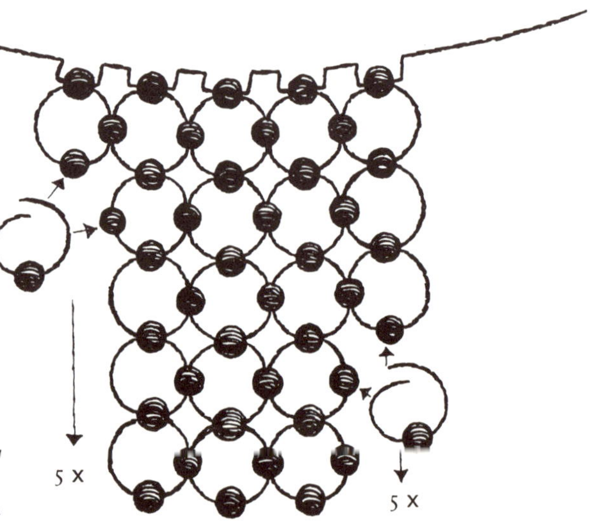

3. Phase

2 x 5 Ringe mit je 1 Perle versehen,
untereinander, seitlich rechts
und links außen ineinanderhängen

das Anhängerteil tragen sollen, richtig anzubringen. Der Abstand zwischen diesen Perlen soll dem Durchmesser der Ringe entsprechen: 1 cm. Aus dem zweiten Drahtabschnitt fertigt man 25 gleich große Ringe an, indem man – wie auf Seite 20/21 genau beschrieben – den Draht um den Rundstab windet, ihn dann herunterstreift und mit dem Seitenschneider in Ringe zerteilt. Die an den Enden glatt gefeilten Ringe werden nun so weit auseinandergebogen (siehe Erläuterung auf Seite 21), daß sich Glasperlen aufschieben lassen. Wie viele Perlen das jeweils sein müssen und wie die Ringe in Reihen angeordnet werden, geht aus den skizzierten 3 Phasen hervor. Auch das Foto zeigt deutlich die Verteilung von Ringen und Perlen. Jetzt werden alle Ringe zusammengebogen, so daß sich saubere Fugen ergeben. Darüber hinaus kann man diese Fugen noch so drehen, daß sie in den Perlendurchgängen sitzen und unsichtbar sind.
Bei der auf der Skizze angegebenen Perlenzahl hängt – im Gegensatz zu dem Modell auf dem Foto – an jedem Ring der unteren Reihe noch eine Perle. Soll diese Perle wegfallen, schiebt man auf die Ringe der letzten Reihe jeweils eine Perle weniger als angegeben. Das heißt: 4 Ringe der senkrechten Mittelreihe bekommen 3 Perlen, während der untere Ring

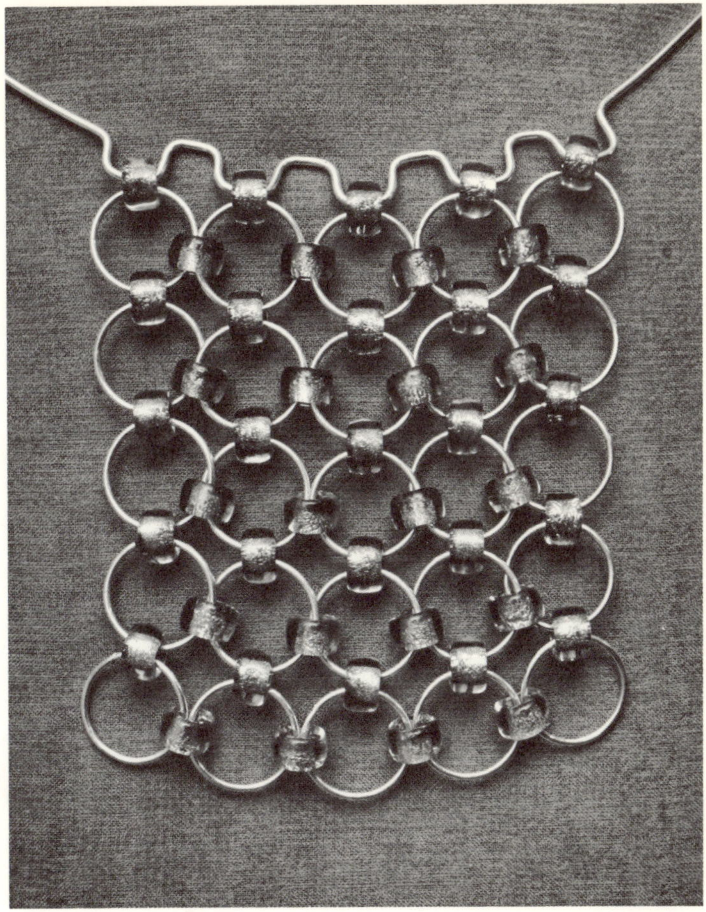

Die olivgrünen Glasperlen harmonieren besonders gut mit dem silbernen Metall. Helle Farbtöne in Verbindung mit Silberdraht wirken besser als dunkle

Dieser Hakverschluß wurde zusätzlich mit einer Perle und einer kleinen Öse verziert

nur 2 Perlen bekommt. Bei den senkrechten Reihen (links und rechts der Mittelreihe) schiebt man auf je 4 Ringe 2 Perlen, auf den jeweils letzten aber nur 1 Perle. Für die beiden senkrechten Außenreihen werden zweimal 4 Ringe mit je 1 Perle versehen. Die beiden unteren Ringe bleiben frei. (Diese Anleitung zeigt sich in der Praxis wesentlich einfacher, als die Theorie vermuten läßt.)

Zum Schließen des Halsreifs kann man einen einfachen Hakverschluß, wie mehrfach beschrieben, arbeiten. Hübsch sieht es aus, wenn man auf einer Seite anstelle der schlichten aufgerollten Öse eine Perle anbringt.

Sollte der Halsreif zu starr hängen oder im Nacken abstehen, so kann man ihn auf beiden Seiten in Schulterhöhe, der Körperform folgend, etwas zurechtbiegen.

Halsreif mit Perlenpendeln

Bei diesem Halsreif nimmt man den echt silbernen Draht von 0,8 mm Stärke doppelt. Bei normaler Halsweite braucht man 1 m für den Reif, 25 cm für die 5 Pendel und ca. 50 cm für die 5 Pendelringe.

Damit die 2 Halsreifen auch wirklich parallel verlaufen, umwickelt man den doppelten Draht entweder mit dünnem Nähgarn oder man befestigt stellenweise Tesafilmstreifen.

Der Draht wird nun so gebogen, wie es das Foto deutlich zeigt. Der Mittelsteg, auf dem 6 erbsengroße, orangefarbene Glasperlen mit Metalleffekt sitzen, ist 3 cm breit. Die aufwärtsgebogenen Schenkel seitlich des Stegs sind jeweils ½ cm lang.

Verwendet man größere Perlen, so muß der Steg natürlich entsprechend verbreitert werden, und zwar so, daß zwischen den Perlen die 5 einzuhängenden Pendel Platz haben.

Sobald man diese Pendel mit den nötigen Ösen versehen hat, kann man sie schon zwischen den Perlen befestigen.

Nun folgen die Pendelringe. Dazu wickelt man den 50 cm langen Drahtabschnitt so oft um einen Bleistift, bis man aus den Windungen 5 dreifache Ringe herausschneiden kann (siehe auch Erläuterungen auf Seite 20). Auf das eine Ende der Ringspirale wird eine Perle geschoben. Den Überstand

1. dreifache Spirale über Bleistift drehen

2. Auf das vorn verlaufende Ende der Windung Perle schieben und Drahtende zur Seite biegen

3. 5 cm langen Drahtabschnitt rückseitig so durch die Perle schieben, daß die Ringwindungen vorn verlaufen

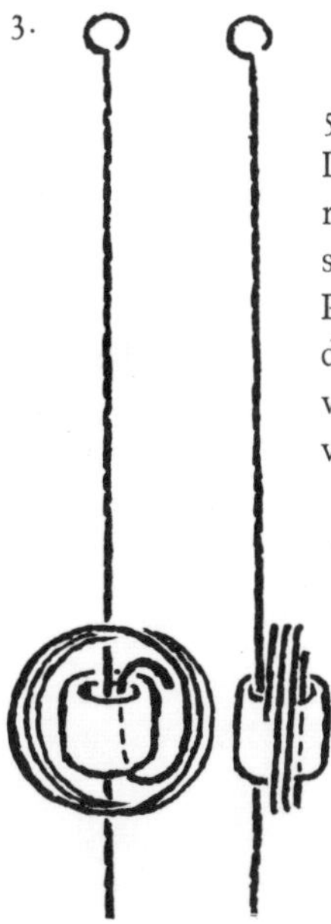

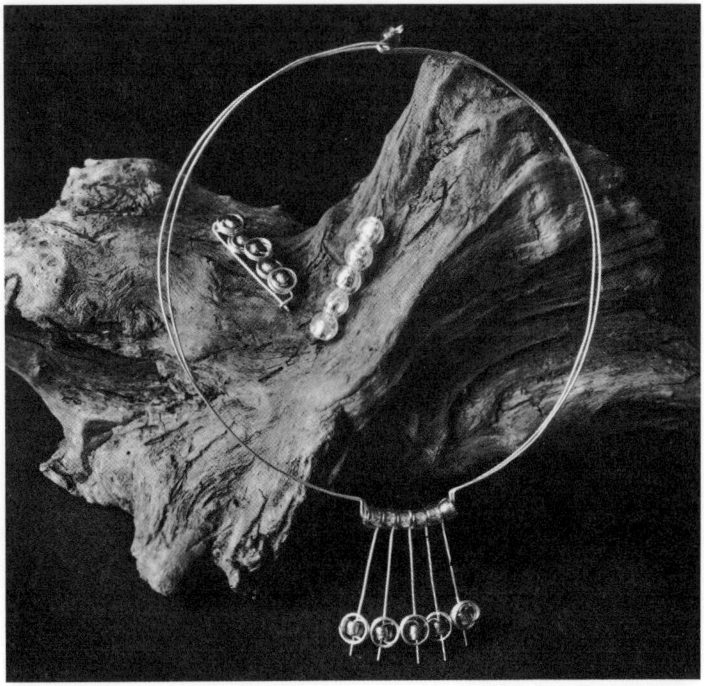

biegt man, der Spirale folgend, zur Seite. Dann schiebt man die sauber gefeilten Enden der 5 Pendel durch die in den Ringen sitzenden Perlen. Die Ringspiralen müssen dabei alle vorn, also vor jedem Pendelstäbchen, verlaufen. Dadurch ergibt sich soviel Spannung, daß die Ringe samt Perlen fest auf den Drahtstäbchen sitzen (Zeichnungen 1 bis 3).
Man kann die Ringe nun — wie es das Foto zeigt — in einer waagerechten

Die orangefarbenen Perlen der kleinen Pendelanhänger sitzen in einzelnen Silberspiralen. Man kann in der gleichen Technik auch Ziernadeln anfertigen

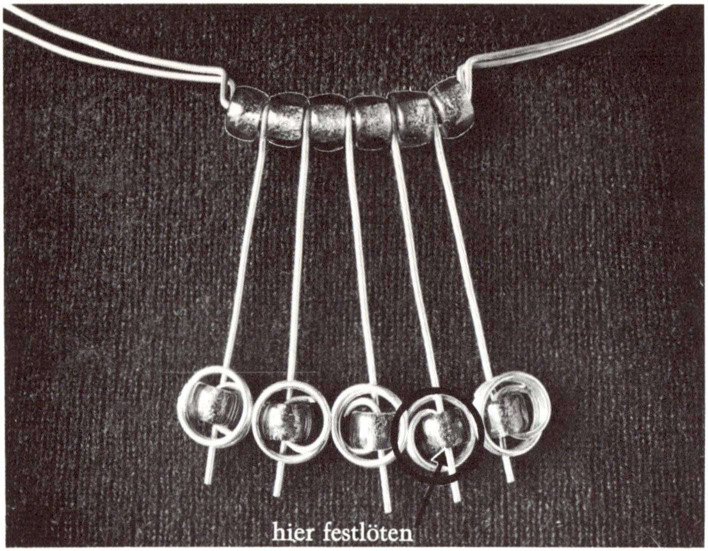

So (Kreis) werden die Drahtstäbe auf der Rückseite der Spiralen durch die Perlendurchgänge geschoben

Reihe anordnen oder auch eine andere Form (Treppe, Pyramide, Trichter o. ä.) wählen. Wer der Festigkeit der Ringe nicht traut, kann sie auf der Unterseite mit einem Tupfer Lötfix aus der Tube mit den Pendelstäbchen verbinden.
Für den Verschluß braucht man nur an der Schnittseite der doppelten Drahtenden einen Haken mit Perlenverzierung zu biegen, der zwischen die parallel verlaufenden Drahtreifen der gegenüberliegenden Seite greift. Der Draht, auf dem die Verschlußperle sitzt, muß so gebogen werden, daß seine Schnittstellen im Perlentunnel enden.

Da die kleinen Ringe mit den Perlen sehr widerstandsfähig und auch dekorativ sind, kann man sie vielseitig verwenden. Man kann zum Beispiel eine Brosche daraus machen (genaue Anleitung auf Seite 50) oder sie einzeln als Zierknöpfe an ein Kleid oder eine Bluse nähen.

Halsreif mit Ringen und Kugeln

Man braucht: 65 cm Silberdraht (versilbert oder echt), 1,5 mm stark, einen roten transparenten Kugelknopf mit seitlicher Bohrung – im Gegensatz zu Perlen, die eine Zentralbohrung haben – und einen silbernen Kugelknopf mit Öse.
Über einem »Faulenzer« (siehe auch Seite 21) wird zunächst ein 50 cm langer Drahtabschnitt in der Mitte so gebogen, wie es Zeichnung und Foto zeigen. Dieses Bogenteil muß fast im rechten Winkel zum Halsreif stehen, der daran anschließend geformt wird. Seine Enden sollen in der hinteren Mitte nicht zusammenstoßen, sondern etwa 1 cm weit auseinanderstehen, damit der fertige Halsschmuck nach dem Schließen Spannung hat und sich nicht von selbst öffnet.
Für den Verschluß werden beide Drahtenden zu Ösen gebogen, die einen phantasievoll gestalteten Haken halten (siehe Detailfoto).
Aus dem restlichen Draht – 5 cm

gehen für den Verschlußhaken ab – macht man 2 Ringe: einen aus 7 cm, den anderen aus dem verbleibenden Stück von 3 cm. Diese Ringe biegt man aus freier Hand, und zwar mit zwei Zangen, der Rund- und Flachzange. Wer mehr Draht zur Verfügung hat, kann die Ringe auch unter

»Faulenzer«-Schema

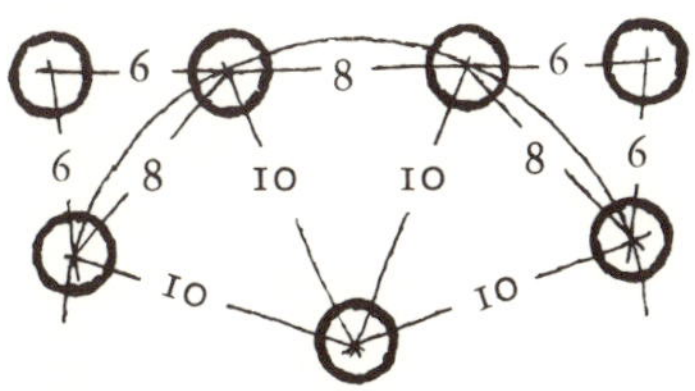

Zahlen = mm

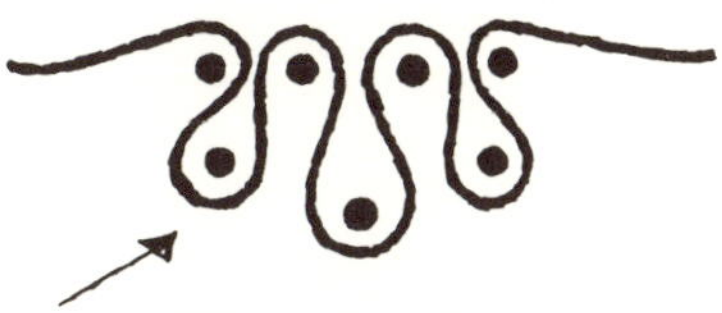

So wird der Draht über den »Faulenzer« gebogen

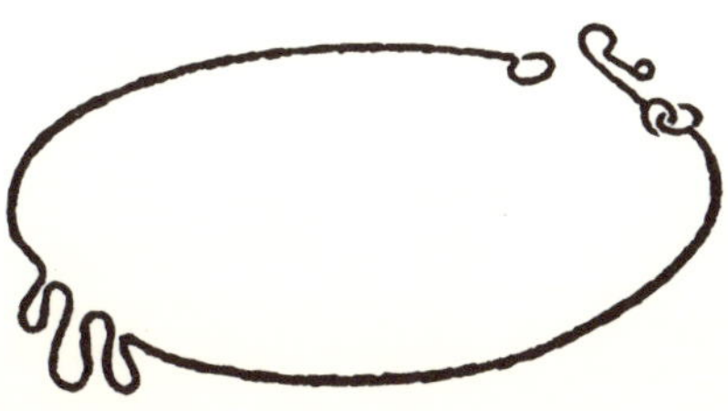

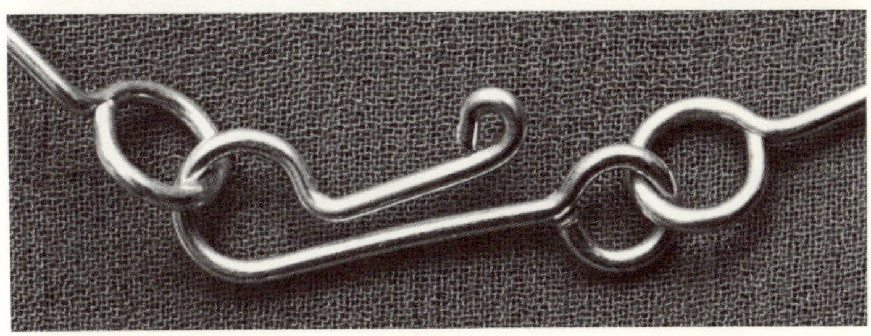

Das Mittelstück dieses Halsreifs wurde mit Hilfe eines sogenannten »Faulenzers« geformt (oben). Bei dem Verschluß wurde der Haken separat gearbeitet und in die Ösen am Halsreif eingehängt

Naturholzperlen lassen sich auf einfache Art passend zu einem Kleidungsstück einfärben oder bemalen

Zuhilfenahme von Rundstäben, um die der Draht gewunden wird, herstellen. Die fertigen Ringe müssen an den Schnittstellen mit der Schlüsselfeile bearbeitet werden.

Jetzt kommt die Montage: In den kleinen Ring werden der silberne Kugelknopf und der große Ring eingehängt, bevor man ihn an dem mittleren kleinen Bogen des Halsreifs befestigt. Danach biegt man den großen Ring in der auf Seite 21 beschriebenen Weise auseinander, schiebt die Enden in den Tunnel des roten Kugelknopfes und drückt sie vorsichtig so weit zusammen, daß sie wie bei einem Schlüsselring ein wenig übereinandergreifen.

Halsreif mit Holzperlen

Die Holzperlen an diesem Halsreif sind farbig, jedoch nicht bemalt, sondern gefärbt. Man rührt dazu ein wenig Wasserfarbe aus dem Schulmalkasten mit Wasser an (bei dem Modell: Orange, Violett und Hellrot), schleift die naturfarbenen Holzperlen mit feinkörnigem Sandpapier ab und legt sie 2 bis 3 Stunden – je nach Farbaufnahme, die von der Härte des Holzes abhängt – in das Farbbad. Danach läßt man die Perlen auf einem Löschblatt aufrecht stehend kurz abtropfen und reiht sie dann auf einen waagerecht gespannten Faden zum Trocknen auf. Dabei dürfen sich die Perlen nicht berühren. Nach dem vollständigen Trocknen (am besten über Nacht) werden sie mit einem weichen Tuch mattglänzend poliert.

Auf diese Weise kann man sich seinen Schmuck genau zu einem Kleidungsstück passend einfärben.

Für das Modell auf dem Foto braucht man: 9 zylindrische Holzperlen, 1 cm lang, 9 wasserhelle Glasperlen und 9 Glasperlen mit Metalleffekt oder Metallperlen. Dazu folgende Silberdrahtabschnitte: 48 bis 50 cm lang, 1,8 bis 2 mm stark, für den Halsreif; 18 Stücke à 1,5 cm und 9 Stücke à 2,5 cm, 0,8 mm stark, für die Perlenverbindungen an den Strängen; 1 Stück, 2 cm lang und 1,5 mm stark, für den kleinen Verbindungsring; 1 Stück, 20 cm lang, 1,5 mm stark, für den Anhänger-Träger.

Der Halsreif wird so gebogen und mit einem Hakverschluß versehen, wie auf Seite 26/27 genau beschrieben. Anschließend fertigt man den kleinen Ring an, der Träger und Halsreif miteinander verbindet.

Nun wird ein »Faulenzer« (siehe auch Seite 21) gebastelt, mit dessen Hilfe der 20 cm lange Drahtabschnitt zu dem auf dem Foto dargestellten Anhänger-Träger geformt wird. Wie die 5 dünnen und 5 dicken Nägel angeordnet werden, und wie man den Draht um sie herumführen muß, zeigen die Zeichnungen.

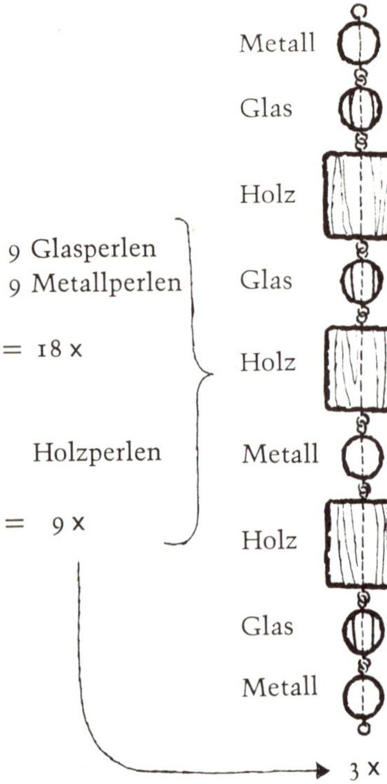

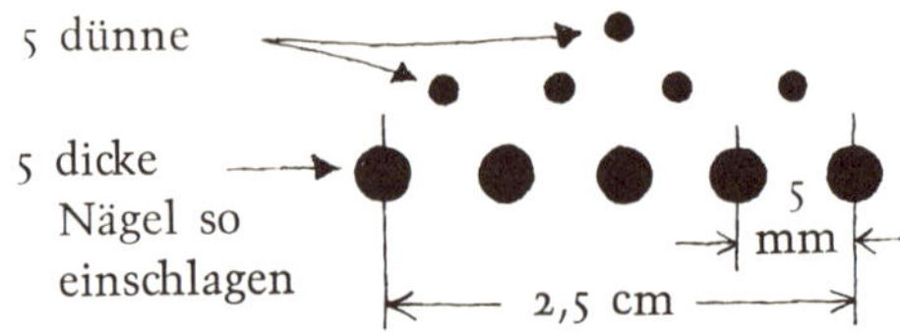

Als nächstes werden die 18 kurzen und 9 längeren Abschnitte, die die einzelnen Perlen zu Strängen verbinden, verarbeitet. Dazu führt man je einen Drahtstift durch eine Perle und biegt die Enden zu Ösen um. Nun hängt man die Perlen mit den Metallösen so aneinander, wie auf der Zeichnung zu sehen. Die fertigen Stränge werden an dem Anhänger-Träger befestigt, der zum Schluß durch den kleinen Ring mit dem Halsreif verbunden wird.
Verwendet man größere Holzperlen als angegeben, so muß man die Windungen des Anhänger-Trägers breiter auseinanderziehen. Selbstverständlich müssen dann auch die durch die Perlen führenden Drahtstifte entsprechend länger sein. Bei kleineren Holzperlen verfährt man umgekehrt.

Halsschmuck mit hängenden Silberspiralen

Diese Arbeit ist etwas für Geübtere. Sie setzt ein sicheres Gefühl für das Material und exakte Ausführung voraus, wenn das Schmuckstück wirklich gelingen soll.
Der Halsreif besteht aus 3 Teilen: einem Mittelstück, an dem die Spiralen hängen, und aus zwei seitlichen Bügeln, die durch Ösen mit dem Mittelstück verbunden sind. Durch diese Dreiteilung sitzt der Schmuck besonders gefällig.
Der Materialbedarf hängt von der Größe der Spiralen und der Weite des Halsschmucks ab. Beides ist variabel. Mit 2 m Silberdraht, 1 mm stark, kommt man jedoch in jedem Falle aus.
Um das Modell auf dem Foto genau

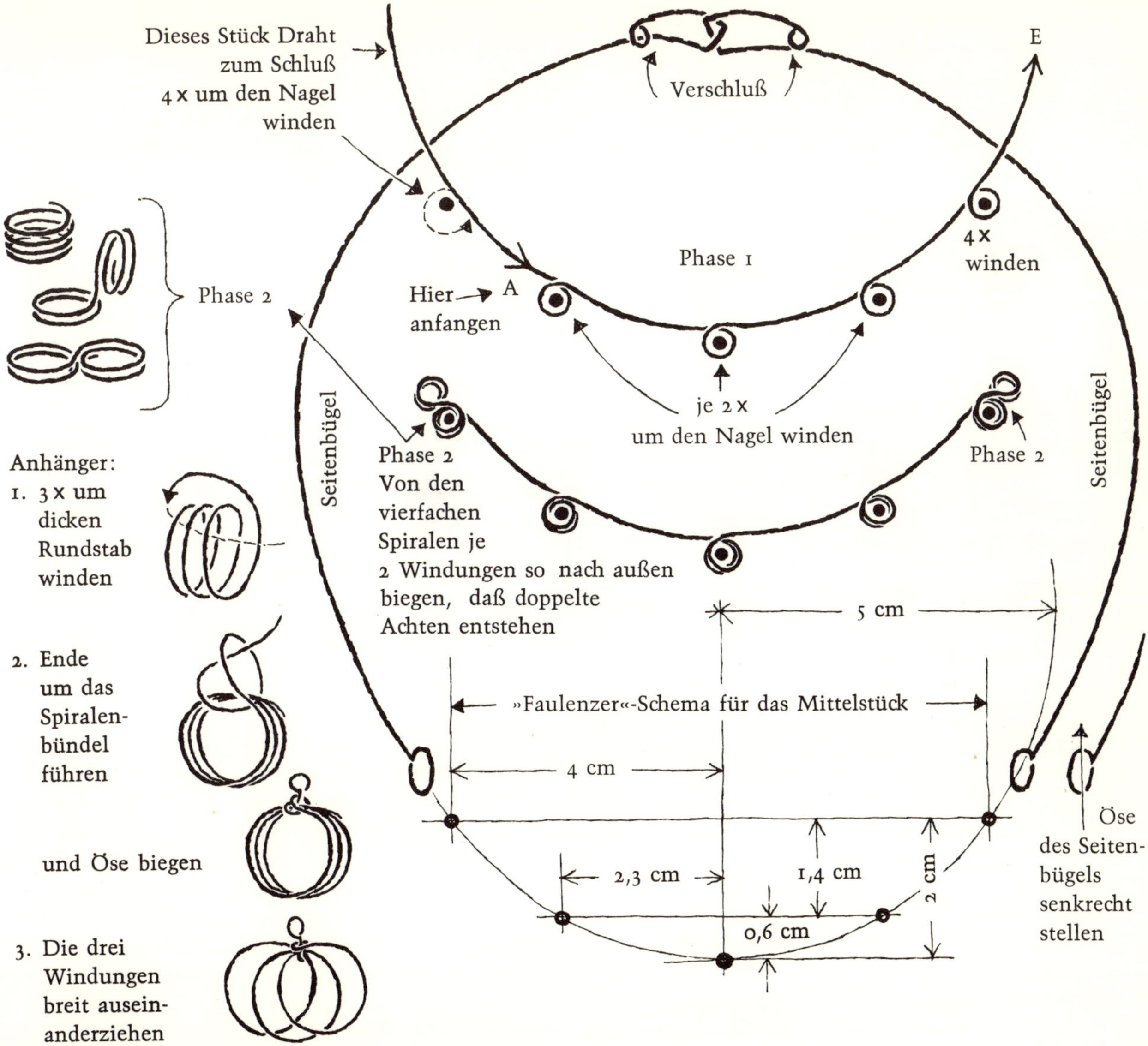
Dieses Stück Draht zum Schluß 4 x um den Nagel winden
Verschluß
E
Phase 1
4 x winden
Phase 2
Hier anfangen
A
je 2 x um den Nagel winden
Seitenbügel
Seitenbügel
Phase 2 Von den vierfachen Spiralen je 2 Windungen so nach außen biegen, daß doppelte Achten entstehen
Phase 2
Anhänger:
1. 3 x um dicken Rundstab winden
2. Ende um das Spiralenbündel führen
und Öse biegen
3. Die drei Windungen breit auseinanderziehen
5 cm
»Faulenzer«-Schema für das Mittelstück
4 cm
2,3 cm
1,4 cm
2 cm
0,6 cm
Öse des Seitenbügels senkrecht stellen

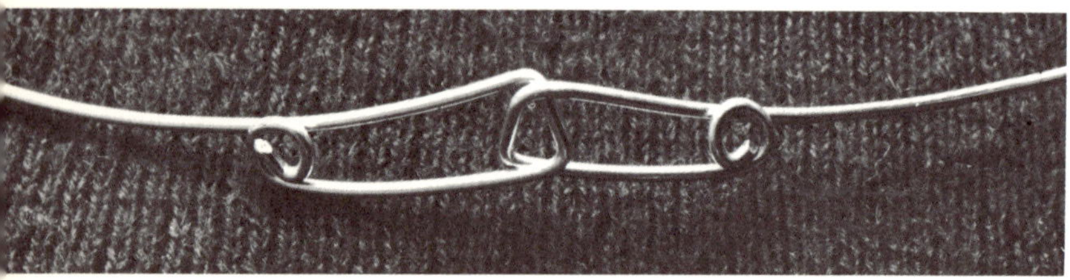

Der Halsschmuck mit Silberspiralen ist eine Arbeit für Fortgeschrittene. Sie erfordert Erfahrung und Geschick (oben). Auch ein solcher Hakverschluß sieht sehr hübsch aus, wenn er sauber gebogen ist.

nachzuarbeiten, schneidet man zuerst 3 Drahtstücke à 25 cm ab. Sie werden einzeln über einen Rundstab von 15 mm Dicke zu Spiralen gewunden. Jede Spirale hat 3 volle Windungen. Hat man die fertige Spirale vom Rundstab heruntergezogen, wird das restliche Drahtende der vorn verlaufenden letzten Windung über das Spiralenbündel nach hinten gebogen und durch das Spiralenbündel hindurch wieder nach vorn zurückgeführt, wo man es zur Öse – ebenfalls von vorn nach hinten, also nicht seitlich verlaufend – biegt. Danach werden die Spiralwindungen breit auseinandergezogen. Die Zeichnungen 1 bis 3 zeigen, wie es gemacht wird.

Nun zum Halsreif. Aus zwei 20 cm langen Drahtabschnitten biegt man die leicht geschwungenen Seitenbügel (siehe Zeichnung). Jeder Bügel wird an einem Ende mit einer kleinen Rundöse versehen, am anderen Ende mit einem Verschlußhaken (siehe Detailfoto). Das Mittelstück wird aus einem reichlich bemessenen Drahtabschnitt von etwa 50 cm über einer Lehre (»Faulenzer«) gebogen. Das Arbeiten mit einem solchen Hilfsmittel ist auf Seite 21 näher beschrieben. Die Zeichnung zeigt in 2 Phasen, wie der Draht um die Nägel gewunden werden muß. Die Doppelspiralen und Achten dieses Mittelstücks müssen gleichmäßig werden. Eine mißlungene Arbeit sollte man nicht korrigieren, sondern mit einem neuen Drahtabschnitt, der ja nur Pfennige kostet, nochmals beginnen. Wenn man die einzelnen Schmuckteile sinnvoll ineinandergehakt und die Ösen zugebogen hat, ist der Halsreif fertig.

Halsketten aus Metallgliedern und Perlen

Aus einzelnen Gliedern oder Elementen montierte Halsketten sind zeitlos hübsch. Sie sind lebhafter als die gezeigten starren Halsreifen, und sie lassen noch mehr Variationsmöglichkeiten zu – sei es durch phantasievolle Gestaltung der Metallteile, sei es durch Kombination mit Perlen von unterschiedlicher Form, Größe und Farbe.

Allerdings kann man hierbei leicht des Guten zuviel tun, deshalb sollte man sich an folgendes Prinzip halten: Nie verschiedene Metalle (Silber, Kupfer, Eisen) an einem Schmuckstück zusammen verarbeiten, und nie Perlen in verschiedenen Farben nehmen, wenn sie sich schon durch ihre Form unterscheiden.

Kette aus Silberringen und Glasperlen

Für diese Kette nimmt man am besten einen Silberdraht mit Kupferkern, weil er widerstandsfähiger ist als echt silberner Draht. Der Materialbedarf

Es ist nicht schwer, solche gleichmäßigen Ringe zu biegen, wenn man einen Rundstab als Hilfsmittel benutzt

Die amethystfarbenen Steine dieser Kette kann man fertig gefaßt kaufen. In einer Stunde sind sie zur Kette verarbeitet

hängt von der Länge der Kette ab. Für ein Ringglied braucht man 3 cm Draht, 0,8 mm stark. Das Modell auf dem Foto hat 43 Ringe – man benötigt also 1,29 m Silberdraht. Allerdings sollte man etwa zehn Prozent der Gesamtlänge als Zugabe hinzurechnen. Mit 1,50 m kommt man aus. Außerdem braucht man noch 54 hellgrüne Glasperlen mit Silbereffekt (oder eine andere Farbe), etwa erbsengroß, und ein versilbertes Federringschloß.

Der Draht wird um einen Rundstab von 1 cm Durchmesser gewunden und mit dem Seitenschneider in einzelne Ringe zerteilt (genaue Anleitung auf Seite 20). Diese Ringe verbindet man durch Perlen so miteinander, wie es das Foto zeigt. Dabei beginnt man an der Spitze der vorderen Mitte. Das Nachvollziehen mag auf den ersten Blick etwas verwirrend erscheinen, die Lösung der Anordnung von Perlen und Ringen ergibt sich jedoch bei der Arbeit von selbst.

Das richtige Aufbiegen der Ringe, deren Schnittstellen alle mit einer Schlüsselfeile bearbeitet werden müssen, ist auf Seite 21 genau beschrieben und skizziert. Es ist für die einwandfreie Form der Ringe außerordentlich wichtig.

Hat man die Kette montiert, werden die Ringe sorgfältig mit der Flachzange – besser noch mit Flachzange und Rundzange – zugebogen. An den beiden letzten Ringen in der hinteren Mitte befestigt man das Schloß.

Kette mit eingefaßten Glassteinen

Die in Silberdraht gefaßten Glassteine kann man stückweise kaufen (Bezugsquelle auf Seite 56). Für die Kette, die auf diesem Foto gezeigt ist, braucht man 12 amethystfarbene Steine, die durch 24 Ringe – je zwei Ringe zwischen zwei Steinen – miteinander verbunden werden. Die Ringe werden aus dem gleichen Material und auf die gleiche Weise hergestellt, wie beim vorigen Modell beschrieben.

In einer Stunde hat man eine solche Kette angefertigt. Sie ist so lang, daß man sie über den Kopf streifen kann. Sie braucht also keinen Verschluß.

Halskette und Armband

Die Garnitur ist aus 1 mm starkem Silberdraht und türkisfarbenen Porzellanperlen in 3 Größen gearbeitet. Die Zwischenglieder in Achtform werden über einem Rundstab von 1 cm Durchmesser gebogen. Dazu windet man einen etwa 15 cm langen Abschnitt fünfmal um den Stab und zwickt ihn so mit dem Seitenschneider ab, daß die Drahtenden sich ein kleines Stück wie bei einem Schlüssel-

Spirale: 4 ¼ Windungen

a)

die sich überschneidenden Enden in Spiralenrichtung zu kleinen Ösen drehen

b)

die vierfache Spirale so auseinanderbiegen, daß sich eine doppelte Acht ergibt und die kleinen Ösen auf der Unterseite parallel verlaufen

c)

ring überschneiden (es sind etwa 4 ¼ Umdrehungen). Diese Enden werden in Laufrichtung der Spiralen zu kleinen Ösen gebogen. Dann biegt man die vierfache Spirale in der Mitte so auseinander, daß eine doppelte Achtform (zwei Windungen auf jeder Seite) entsteht. Die Zeichnungen a, b und c zeigen die Arbeitsgänge.
Von solchen Achten fertigt man 18 Stück an: 9 für das Armband und 9 für die Kette. Aus je 3 dieser Achten wird eine Gruppe gebildet, indem man sie wie Schlüsselringe ineinanderdreht.
Danach schneidet man 3 Drahtstifte ab, die doppelt so lang sein müssen wie die Perlenbohrung. Diese Stifte schiebt man durch die Perlen, biegt sie an den Enden zu Ösen und hakt sie zwischen die drei Gruppen Silber-Achten. Jetzt braucht man nur noch die Ösen fest zuzubiegen, und das Armband ist fertig.

Sehr dekorativ sehen Halskette und Armband aus Silberdraht aus, wenn – wie hier – türkisfarbene Porzellanperlen verarbeitet werden. Man kann die Perlen einzeln (Armband) oder in Gruppen (Kette) anordnen

Die 9 Achten für die Kette werden ebenfalls zu Dreiergruppen aneinandergehängt. Dann kommen die Perlen-Zwischenglieder. Sie bestehen aus je 2 kleinen Perlen, 4 Quetschkalotten (siehe auch Seite 7/8) und einer großen Perle, die auf einen Drahtstift geschoben und durch Ösen befestigt werden. Das Foto zeigt die Reihenfolge der Anordnung.
Nun biegt man noch 6 Drahtabschnitte, je 7 cm lang, an den Enden zu Ösen und hakt alles so zusammen, daß zwischen 2 langen Drahtstegen abwechselnd eine Achter- und eine Perlengruppe sitzt.

Bei den angegebenen Maßen brauchen Kette und Armband keinen Verschluß. Man kann die Kette verlängern, indem man die Achten zu Vierergruppen zusammenhängt. Das Armband läßt sich erweitern, indem man neben jede Perle rechts und links eine Kalotte setzt, oder aber zwei Perlen, durch eine Kalotte getrennt, auf einen Drahtstift schiebt. Will man das Armband wesentlich verkürzen (für ein größeres Kind), stellt man nur 6 Achten her, die man zu Zweiergruppen ordnet. Man kann dann zwischen einer Acht und der Öse an einer Perle ein Ringschloß befestigen.

Armreifen aus Silber mit Perlen

Starre Armreifen passen am besten zu ärmellosen oder kurzärmeligen Kleidungsstücken. Sie müssen – im Gegensatz zu beweglichen Armbändern aus einzelnen Gliedern – so eng gearbeitet sein, daß sie fest zwischen Handgelenk und Ellenbogen auf dem Unterarm sitzen. Wenn sie locker am Handgelenk hängen, rutscht die Perlenverzierung durch ihr Gewicht zur Handinnenfläche und verformt sich leicht.

Armreifen mit Spiralenverschluß

Man arbeitet das Schmuckstück aus 1,5 bis 1,8 mm starkem Silberdraht. Die Länge des Abschnitts hängt von der Weite des Reifens und der Größe der Spiralen ab. Man rechnet ungefähr den doppelten Armumfang. Bevor man auf die beiden Drahtenden je eine transparente Glasperle (hier oliv mit Silbereffekt) schiebt und sie spiralenförmig einrollt, müssen die

Drahtenden in entgegengesetzter Richtung durch zwei Glasperlen geschoben werden, die als Verschlußhalterung dienen.
Die beiden Spiralen dürfen nur so weit eingerollt werden, daß der Armreifen – wenn man ihn auseinanderzieht – gerade über die Hand gestreift werden kann.

Armreifen mit Ringverschluß
Diesen Armreifen sollte man aus möglichst starkem, echt silbernem Draht – 1,8 bis 2 mm – machen. Um eine schöne Rundung zu erzielen, nimmt man einen längeren Drahtabschnitt als benötigt und biegt ihn zu einem großen Ring, dessen Enden sich überschneiden. Diese Enden zieht man allmählich immer weiter übereinander, bis ein etwas größerer Reif als gewünscht entsteht. Zu der Weite rechnet man 5 cm für die beiden Verschlußhaken hinzu und schneidet den restlichen Draht ab – besser gesagt: man zwickt ihn mit der Kneifzange ab, da so starkes Material sich mit einem kleinen Seitenschneider nicht zerteilen läßt.
Nun bearbeitet man an jedem Ende ein 2,5 cm langes Stück auf einer harten Unterlage (Mauerstein o. ä.) mit dem Polierhammer – das ist ein Hammer mit gerundeten Schlagflächen –, bis der Draht ganz flach ist. Dann rundet man die Enden mit

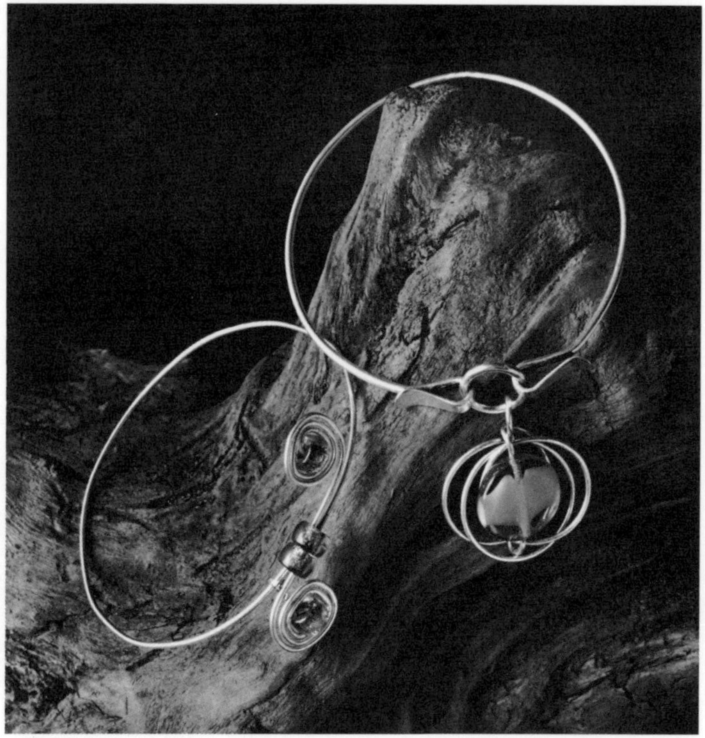

einer Schlüsselfeile ab (deshalb kann man keinen versilberten Kupferdraht nehmen) und biegt sie nach außen zu zwei gleichmäßigen Haken.
Der zwischen den Haken sitzende Ring wird aus freier Hand unter Zuhilfenahme von Rundzange und Flachzange geformt. Man kann hier wie beim Armreifen verfahren: Zuerst mit der Hand einen größeren Ring

*Silberne Armreifen sollte man nur zu kurzärmeligen oder ärmellosen Kleidungsstücken tragen, damit sie gut zur Geltung kommen.
Hier zwei einfach herzustellende Modelle*

Den Draht um einen dicken Rundstab winden und so abschneiden, daß auf der Rückseite der entstandenen dreifachen Spirale 2 cm, auf der Vorderseite 3 cm Überstand bleiben.

a

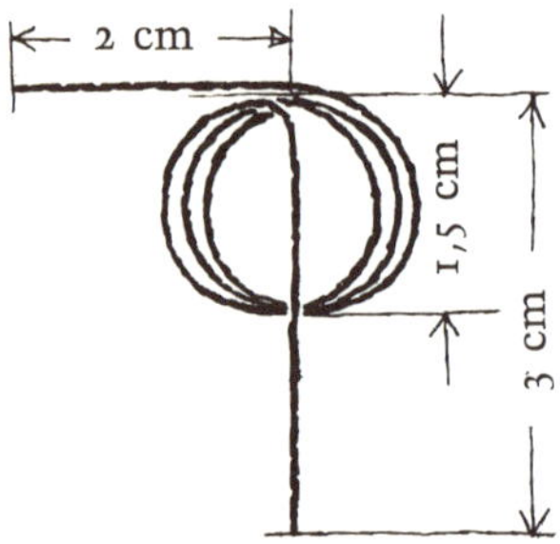

Den 2 cm langen Überstand 2 x um das Spiralenbündel winden,

b

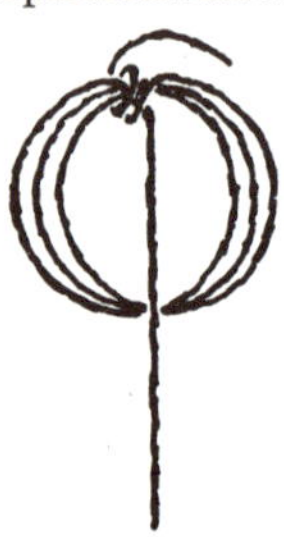

dann zu einer Öse biegen und die Spiralen breit auseinanderziehen.

c

Auf den 3 cm langen Drahtstift eine flache Glasperle von etwa 1 cm Durchmesser schieben, zuletzt das Ende zu einer Öse (in gleichem Verlauf wie die obere Öse) umbiegen, wobei zwei von den drei Spiralen mitgefaßt werden.

d

formen, ihn an den sich kreuzenden Enden immer enger zusammenziehen und zum Schluß die Zangen nehmen. Der Ring soll etwa den Durchmesser eines Bleistifts haben. In den Ring wird ein Perlenanhänger gehakt, den man den Skizzen entsprechend aus 0,8 mm starkem Draht herstellt. Dabei windet man den Draht zuerst um einen dicken Rundstab (1,5 cm Durchmesser). Man schneidet ihn so ab, daß auf der Rückseite der entstandenen dreifachen Spirale 2 cm, auf der Vorderseite 3 cm Überstand bleiben (Zeichnung a). Der 2 cm lange Überstand wird zweimal um das Spiralenbündel gewunden (b). Dann biegt man ihn zu einer Öse und zieht die Spiralen breit auseinander (c). Auf den 3 cm langen Drahtstift wird eine flache Glasperle von etwa 2 cm Durchmesser geschoben. Zuletzt biegt man das Ende zu einer Öse (in gleichem Verlauf wie die obere Öse) um, wobei 2 von den 3 Spiralen mitgefaßt werden (d).

Zweireihiger Armreifen mit Perlen

Das Gelingen dieses Schmuckstücks aus Silberdraht und Perlen hängt von der richtigen Wahl des Materials ab. Die Perlenbohrungen (orangefarbene Glasperlen) müssen so weit bzw. eng sein, daß der verwendete Silberdraht (0,8 bis 1 mm) gerade doppelt hindurchpaßt. Es empfiehlt sich, mehr Perlen als benötigt zu beschaffen, da die Bohrungen manchmal unterschiedlich ausfallen.

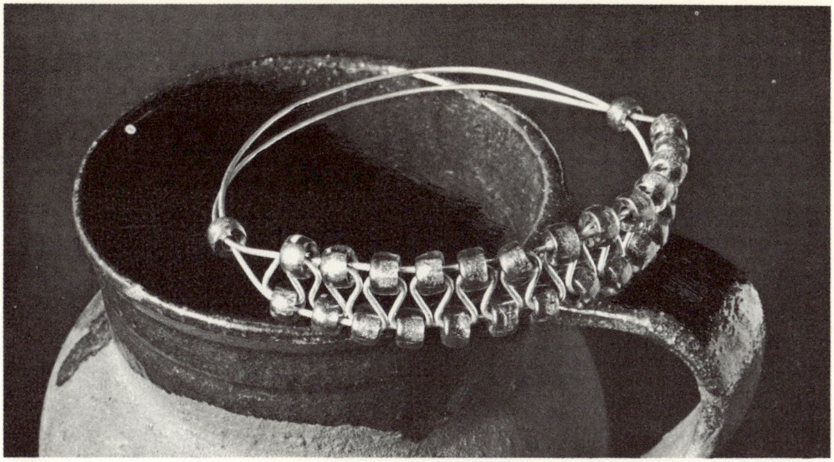

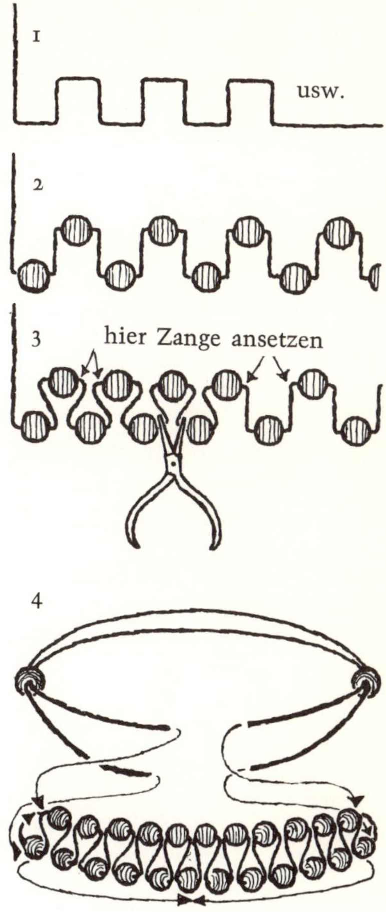

Der Armreifen wird aus 3 Teilen zusammengesetzt. Er ist viel leichter zu arbeiten als man glaubt.

Zuerst macht man das separate Perlenteil:

Aus einem 40 cm langen Stück Draht biegt man die aus Zeichnung 1 ersichtliche Mäanderform (siehe auch Zeichnung Seite 20). Die gleichseitigen Schenkel müssen so lang bzw. breit sein, daß die Perlen dazwischenpassen. Man schiebt die Perlen so auf den bereits gebogenen Draht, daß an jedem waagerechten Steg eine Perle sitzt. Das geht trotz der Ecken ganz gut (Zeichnung 2). Danach werden die senkrechten Schenkel zwischen den beiden Perlenreihen mit der Flachzange zusammengedrückt (Zeichnung 3). Die Rundungen ergeben sich dann von selbst. Ist das geschehen, biegt man das fertige Perlenteil zu einem leichten Bogen, der etwa ein Drittel des Armreifens ausmacht.

Als nächstes werden zwei gleich lange Drahtabschnitte, die der Weite des ganzen Armreifens entsprechen (er muß später über die Hand passen), zusammen durch zwei Perlen geschoben und zum großen Ring gebogen. Die beiden Enden des einen Ringes schiebt man von rechts und links durch die obere, die des zweiten Ringes durch die untere Perlenreihe, so daß sie in der Mitte zusammenstoßen (Zeichnung 4). Das geht ziemlich schwer, und man muß mit der Flach-

Dieser Armreifen hat eine orangefarbene Perlenverzierung

zange immer wieder durch die Perlenzwischenräume fassen, um den Draht weiterzuschieben. Zum Schluß biegt man die beiden Drahtenden vom Perlenteil, die man auf die richtige Länge zurückschneidet, so um, daß sie in der jeweils gegenüberliegenden letzten Perle enden. Sollte der stumpfe Draht nicht mehr in den Perlentunnel gehen, so muß man ihn mit der Schlüsselfeile spitz zufeilen.
Mit diesem Arbeitsgang ist der Armreif, der ohne zusätzliche Halterung sehr stabil ist, fertig.

Montagen aus Ketten und Perlen

Bei dieser vielreihigen Kette im Chanel-Stil wurden als Meterware gekaufte Ketten mit Zwischengliedern aus Glasperlen versehen

Rechte Seite: Stabil muß die Grundkette sein, wenn sie ein so aufwendiges Fransenteil aus Holzperlen halten soll

Metallketten in vielen Stärken und Mustern gibt es als Meterware zu kaufen. Man kann daraus ohne große Mühe durch phantasievolle Kombinationen mit Perlen individuelle Schmuckstücke machen. Die Ketten werden dazu mit der Zange in kleine Stücke zerteilt, zwischen die man auf Drahtstiften sitzende Perlen oder Perlengruppen setzt. Die Ösen der Drahtstifte werden einfach mit den Kettengliedern verbunden.
Ferner kann man auch eine als Meterware gekaufte Kette mit einem Fransenteil aus einzeln montierten Perlensträngen versehen. Die Kettenglieder dürfen aber nicht zu schwach sein.

Ketten aus Perlen

Die folgenden Modelle zeigen Ketten aus den gebräuchlichsten Materialien: Kunststoff-, Porzellan-, Glas-, Keramik- und Holzperlen. Ihre Form und Größe, ihr Gewicht und die Art ihrer Bohrung sind mitbestimmend für das Modell, das daraus entsteht. So ergeben zum Beispiel Perlen mit feinen Bohrungen besonders gleichmäßige Ketten, da sie auf dem Faden keinen Spielraum haben, um sich zu verschieben. Anders ist es bei Perlen mit weiten Bohrungen. Wenn man diese einfach nebeneinander aufreiht, hängen sie unordentlich auf dem Faden. Hier muß jede Perle einzeln befestigt oder mit anderen zu einer Gruppe zusammengefaßt werden. Kleine Holzperlen sind wiederum anders zu verarbeiten. Sie kommen am besten bei mehrreihigen Ketten zur Geltung. Hier einige Beispiele:

Kette aus Kunststoffkugeln

Die linke Kette vom Foto links ist aus hell- und dunkelroten transparenten Kunststoffkugeln, einem besonders glatten und leichten Material. Obwohl die Kette zweireihig aussieht, ist sie nur auf einen Perlonfaden aufgezogen. Die Wirkung der Doppelreihe ergibt sich aus der seitlichen Bohrung der Kugeln – es sind Knöpfe, keine Perlen. Dadurch weichen sie einander aus, so daß immer eine Kugel links und eine rechts vom

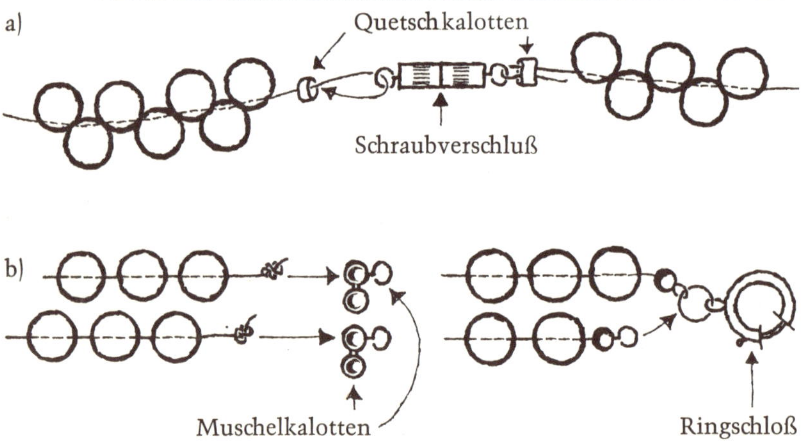

Die linke Kette ist aus glasklaren Kugelknöpfen gearbeitet, die rechte aus Porzellanperlen (oben). Der Reiz eines Schmuckstücks liegt oft allein in der richtigen Kombination der Farben (rechts)

Bei dieser Kette wurde der Faden mit Stoffarbe zu den blauen Glasperlen passend eingefärbt

Faden sitzt. Die Kette wird mit einem Schraubschloß zugemacht.
Dieses Schloß bringt man folgendermaßen an: Nach der letzten Kugel wird eine Quetschkalotte auf den Faden gezogen. Dann führt man den Faden durch die Öse der einen Schloßhälfte und wieder zurück durch die Kalotte (Zeichnung a). Mit der Flachzange wird die Kalotte fest zusammengedrückt. Den Fadenrest schneidet man ab. Am anderen Ende der Kette verfährt man genauso.

Kette aus Porzellanperlen

Die Kette rechts im Foto Seite 42 aus rosa und weißen Porzellanperlen ist zweireihig aufgezogen und hat einen Ringverschluß. Diesen Federring bringt man folgendermaßen an: Die beiden Perlenreihen werden an den Enden einzeln verknotet und in Muschelkalotten befestigt. Die Kalotten greifen in einen am Schloß sitzenden Verbindungsring (Zeichnung b).

Langani-Kette aus blauen Glasperlen

Die Schmuckfirma Langani stellte zuerst solche Ketten, wie auf dem Foto links, her. Die Technik, Glasperlen mit großen Zwischenräumen auf Fäden aufzureihen und sie zu schweren mehrreihigen Ketten zu verarbeiten, war bis dahin kaum bekannt. Heute werden alle Ketten, die nach diesem Prinzip hergestellt sind, »Langani-Ketten« genannt.
Neu an dem gezeigten Modell ist das Material, auf dem die Perlen aufgezogen sind: dünne Drachenschnur,

mit Stoffarbe (Deka) genau zu den Perlen passend blau eingefärbt und anschließend mit Kerzenwachs geglättet.

Das Aufziehen ist bekannt: Man fädelt den Faden durch eine Perle, führt ihn außen um die Perle herum und noch einmal durch die Perle hindurch. Dann läßt man etwa 1 cm Faden frei, bevor man die nächste Perle befestigt. Der Materialbedarf richtet sich nach Länge und Anzahl der Reihen, die alle einzeln verknotet und mit Muschelkalotten (Zeichnung b) an einem fertig gekauften Schnappschloß befestigt werden. Da eine Kette aus Glasperlen recht schwer ist, muß das Schloß eine kräftige Feder haben.

Kette aus Perlen-Ringen

Obwohl die auf dünnem Perlondraht aufgezogene Kette (Foto Seite 43) aus Glasperlen sehr zart aussieht, ist sie außerordentlich haltbar, da der Perlondraht fast unzerreißbar ist.

Man braucht für diese Kette außer einem silbernen Schraubschloß und 50 silbernen Quetschkalotten 200 Glasperlen, und zwar je 50 kleine und 50 große in Oliv und Rosé.

Zuerst befestigt man den Perlondraht nach Zeichnung a an einer Schraubschloß-Hälfte. Danach zieht man eine Quetschkalotte und 6 Perlen auf. Dann führt man den Faden durch die Kalotte zurück und zieht ihn straff. Es ergibt sich ein kleiner Perlen-Ring, und die Kalotte wird nun fest mit der Flachzange zusammengedrückt. Man läßt einen etwa daumenbreiten Zwischenraum, bevor der nächste Ring aus Perlen gemacht wird. So arbeitet man weiter, bis die Kette die gewünschte Länge hat. Dabei stellt man beliebig kleine und große Perlen in Oliv und Rosé zusammen. Damit die Ringe unterschiedlich groß werden, verarbeitet man einmal 4 kleine und 2 große, einmal 2 kleine und 4 große, dann wieder 3 kleine und 3 große Perlen zusammen. Das Modell auf dem Foto besteht aus 38 Perlen-Ringen.

Da der Faden nicht für die ganze Arbeit reicht, muß man ihn mehrmals verlängern. Dazu schiebt man das Ende des alten und den Anfang des neuen Fadens in entgegengesetzter Richtung durch eine Quetschkalotte und drückt diese dann fest zusammen. Zum Schluß wird die zweite Schraubschloß-Hälfte an der Kette befestigt. Es ist wichtig, daß die Kalotten am Schloß und an den Verlängerungsstellen der Fäden ganz fest zusammengedrückt werden. Wer kein Zutrauen zu dieser Methode hat, kann zur Sicherheit 2 Kalotten hintereinander anbringen und vorsichtig einen Tupfer Alleskleber dazwischensetzen.

c) Schnapp- oder Steckschloß

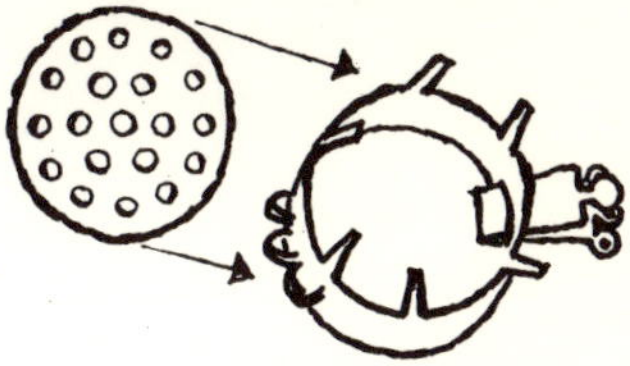

Technik I

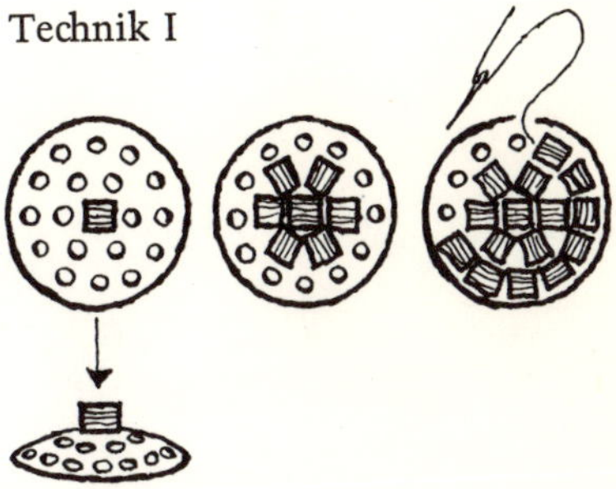

Technik II

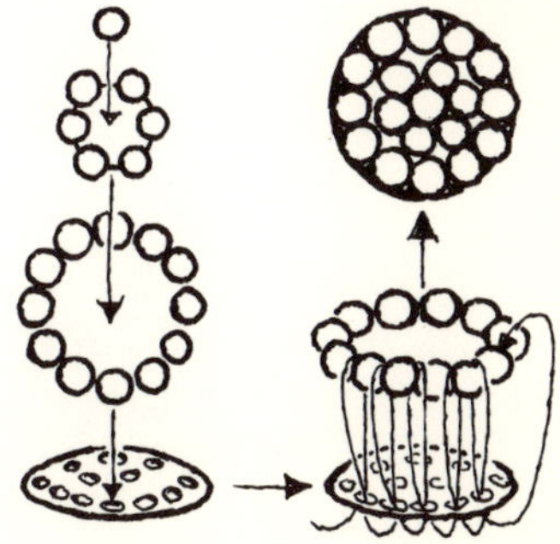

Wie phantasievoll sich kleine Holzperlen verarbeiten lassen, zeigen die drei Beispiele auf dem Foto rechts

Kette aus Keramikperlen

Die Kette (auf dem Foto Seite 43) wird nach der gleichen Methode hergestellt wie die Langani-Kette (Seite 44). Man zieht in der beschriebenen Weise 3 einzelne Reihen Keramikperlen – es können auch nichttransparente Glasperlen sein – auf gelbes Leinengarn (Zwirn) und flicht daraus einen Zopf. Um dabei eventuell entstandene Lücken auszufüllen, wird der Zopf noch einmal zusätzlich mit einem Faden durchzogen, auf den man nach Bedarf Perlen fädelt. Die Enden der Perlenstränge müssen einzeln verknotet und mit Muschelkalotten an einem kräftigen Schnappschloß mit mehreren Ösen (Zeichnungen b und c) befestigt werden.

Drei Ketten aus kleinen Holzperlen

Holzperlen kann man in Tüten abgepackt oder auf Fäden aufgereiht kaufen. Sie sind recht preiswert, und die Auswahl ist groß (Bezugsquellen siehe Seite 56).

Für *Modell 1* (links oben auf dem Foto) benötigt man: 400 kleine und 50 etwa erbsengroße braune Kugelperlen, 50 erbsengroße gelbe Kugelperlen, je 50 kleine Würfelperlen in Hellbraun und Orange. Diese Perlen werden in Dreiergruppen auf dünnen Perlonfaden (Perlondraht) aufgezogen. Jede Dreiergruppe wird zusammengefaßt, indem man die beiden Enden des Fadens einmal verschlingt (knotet). Die Dreiergruppen werden aus folgenden Perlen in der beschriebenen Reihenfolge gebildet:

2 x 2 kleine, braun
1 große, braun
2 x 2 kleine, braun
1 große, gelb
2 x 2 kleine, braun
1 Würfel, hellbraun
2 x 2 kleine, braun
1 Würfel, orange
2 x siehe oben usw.

In dieser Reihenfolge (4 x je 2 gleiche Dreiergruppen) arbeitet man weiter, bis alle Perlen verbraucht sind. Die Kette ist lang genug, daß man sie an den Enden zusammenknoten und dann über den Kopf streifen kann. Will man sie kürzer haben, muß ein kleines Drehschloß (Zeichnung a) angebracht werden.

Modell 2 (rechts oben im Foto) ist aus 7 Perlensträngen à 65 cm gearbeitet, die einzeln auf Gummifäden aufgezogen wurden. Mit Hilfe von Muschelkalotten wurden sie an einem mit 5 Ösen versehenen Schnappschloß befestigt (Zeichnungen b und c).
Die Kette muß vor dem Umlegen zu einem dicken Strang schön gleichmäßig zusammengedreht werden.

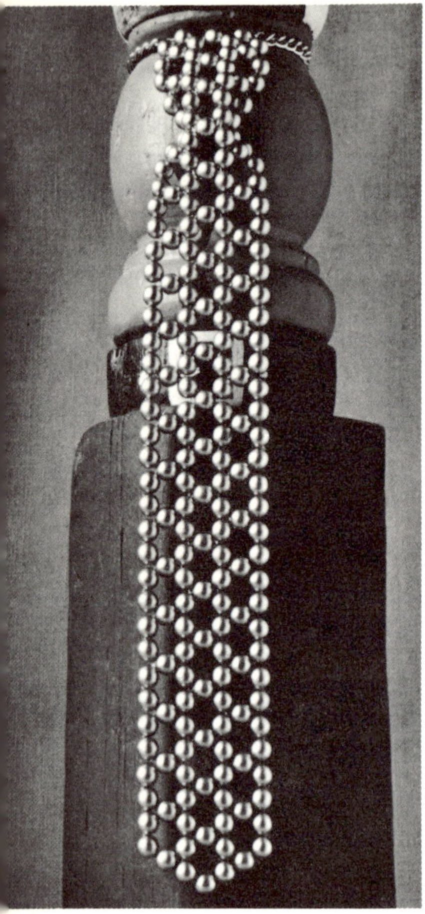

Hübsch zu Blusen und Hemdblusenkleidern: eine Perlenkrawatte

Ihre Wirkung liegt allein im harmonischen Zusammenklang der blassen Pastellfarben: 2 Stränge elfenbein, 2 beige, 2 zimtbraun und 1 Strang hellviolett. Hellviolett sind auch die Perlen am Verschluß. Es gibt zwei Möglichkeiten, sie auf dem Sieb der Montur zu befestigen: Einmal kann man die Perlen einzeln direkt auf das Sieb sticken, zum anderen kann man separat einen großen und einen kleinen Perlenring herstellen und die Ringe dann an den Löchern des Metallsiebes festheften (Zeichnungen c). Dabei muß der große Ring den Sieb-Außenrand ganz bedecken. Der kleinere Ring muß in den großen hineinpassen. In die Mitte kommt 1 Perle. Ist der freie Mittelraum größer, stickt man 3 Perlen hinein.

Modell 3 (Foto Seite 47, unten) ist aus dem gleichen Material wie Modell 2 gemacht, jedoch in anderen Farben.
Zuerst werden 3 einzelne Perlenreihen aufgezogen, und zwar eine mit 40 grünen, eine mit 39 gelben und eine mit 38 olivfarbenen Perlen. Dann werden alle 3 Fäden durch eine gelbe Perle gezogen. Nun fädelt man 3 einzelne Reihen je 45 Perlen in Grün, Gelb und Oliv auf und flicht sie zu einem lockeren Zopf. Sollten die Stränge danach unterschiedlich lang sein, entfernt man die überzähligen Perlen und zieht alle 3 Fäden wieder durch eine gelbe Perle. Zum Schluß kommen noch einmal 3 einzelne Reihen mit 40, 39 und 38 Perlen wie am Anfang. Die fertige Kette wird wie Modell 2 an einem mit Perlen bestickten Schnappschloß befestigt.

Perlenkrawatte

Damit die Krawatte, die besonders hübsch zu Hemdblusen paßt, nicht zu schwer wird, macht man sie am besten aus Kunststoffperlen. Bei dem Modell auf dem Foto sind sie mattgold und knapp erbsengroß. Man braucht 210 Perlen. Die Arbeit wird mit 2 Nadeln zugleich ausgeführt, bei der senkrechten Mittelreihe beginnend. Danach arbeitet man die rechte und linke Reihe. Wie die Perlen der einzelnen Reihen aufgezogen und befestigt werden müssen, zeigen die Zeichnungen.
Wenn alle Perlen aufgezogen und die Fäden befestigt sind, heftet man die Krawatte auf der Rückseite zwischen der 16. und 17. waagerechten Reihe an den Außenkanten zusammen, so daß der Eindruck eines Krawattenknotens entsteht. Damit man den Heftfaden auf der Vorderseite nicht durchschimmern sieht, zieht man beim Heften eine Perle auf den Faden, durch die man die Nadel hin- und herführt.
Zum Schluß bringt man oben an den

beiden Krawattenecken die beiden Hälften einer 40 cm langen durchteilten Metallkette mit Hakverschluß an. Man kann die Kette entweder zwischen zwei Perlen um den Faden haken und die Glieder fest zusammendrücken oder sie einfach gut festnähen.

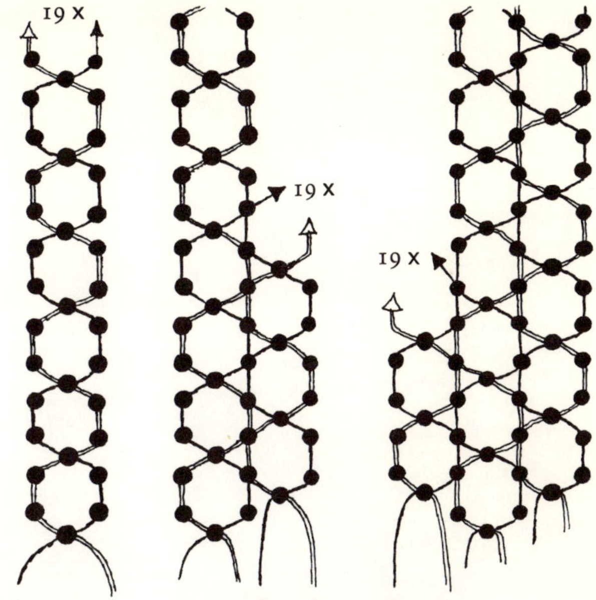

Broschen

Für die meisten der in diesem Kapitel gezeigten Schmuckstücke braucht man Monturen, bestehend aus Mechanik und Sieb (siehe auch »Material und Werkzeug« Seite 7). Dabei werden die Siebe – gelochte Blech- oder Kunststoffplättchen – mit Perlen bestickt oder benäht und mit Klammern, die am Montur-Unterteil sitzen, an der Mechanik befestigt. Es ist ganz gleich, ob man Broschen, Manschettenknöpfe oder Ohrclips anfertigen will, die Arbeitsweise ist im Prinzip die gleiche.

Ziernadeln mit Perlen

Silberne Nadeln, die eine sehr hübsche Ergänzung zu Seidentüchern, schlichten Kleidern und eleganten Pullovern sein können, sind ganz einfach herzustellen.

Man benötigt dazu echt silbernen Draht, 0,8 bis 1 mm stark, und – je nach Größe – 5 bis 7 Perlen.

Zuerst wird der kleine Verschlußhaken mit der Rundzange geformt. Dann schiebt man die Perlen auf den Draht (Zeichnung a) und biegt das als Nadel dienende Ende so um, wie es die Zeichnungen b und c zeigen. Eine Nadel mit Spiralscharnier (Zeichnung c) hält sicherer, da sie mehr Spannung hat, jedoch kann man – besonders wenn die Perlen leicht sind – auch die einfachere Möglichkeit (Zeichnung b) wählen. Das Drahtende der Nadel wird auf die richtige Länge zugeschnitten, mit dem Polierhammer flachgeklopft und spitz zugefeilt. Das Metall muß ganz glatt sein und darf keine Grate mehr haben, damit der Stoff nicht beschädigt wird.

Bei dem Modell oben wurden wasserhelle Glasperlen mit Silbereffekt verwendet. Die Perlen mit Silberringen vom Modell unten wurden auf die gleiche Weise hergestellt, wie die auf Seite 24/25 beschriebenen Pendelanhänger des Halsreifs.

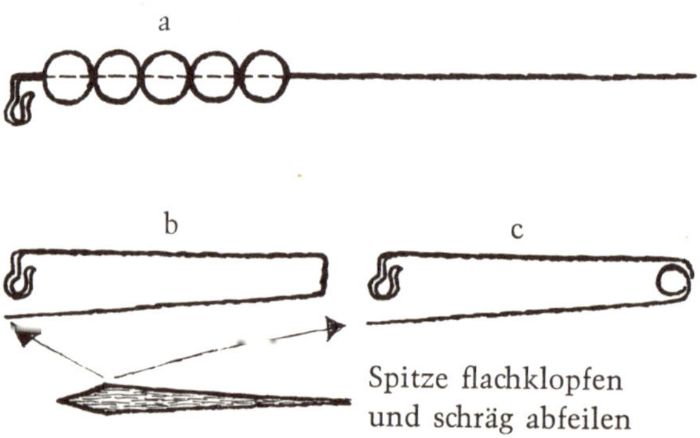

Ringbrosche mit Stickperlen

Die Größe der Ringmontur kann man beliebig wählen. Bei dem Modell rechts auf dem Foto hat sie einen Durchmesser von 3 cm.

Außer der Montur braucht man noch eine Tüte Stickperlen in Orange. Man arbeitet mit dünner Perlonseide (nicht zu verwechseln mit dem starken Perlondraht).

Zuerst wird das Fadenende mit einer kleinen Perle verknotet, die man später wieder entfernt. Sie dient nur als Haltevorrichtung. Dann zieht man auf den Faden eine Quetschkalotte und führt die Nadel von unten nach oben durch ein Loch am Siebrand. Nun zieht man 6 Stickperlen auf, sticht durch das übernächste Loch am Außenrand nach unten und durch das zwischen der entstandenen Schlaufe liegende Loch wieder nach oben.

So arbeitet man um den ganzen Außenrand herum: 6 Stickperlen, durch das übernächste Loch nach unten, durch das nächste dazwischenliegende nach oben usw. (Phase 1 der Zeichnung). Zum Schluß zieht man das Fadenende durch die Kalotte auf der Sieb-Unterseite und drückt die Kalotte mit der Zange fest zusammen. Die Halteperle kann entfernt werden. Jetzt werden die beiden inneren Lochreihen des Siebes bestickt. Der Faden wird wie bei der ersten Runde befestigt und durch ein Loch der Mittelrunde von unten nach oben geführt. Dann zieht man 6 Stickperlen auf, sticht durch dasselbe Loch zurück und durch das schräg danebenliegende Loch der Innenrunde wieder nach oben. Nachdem man 5 Stickperlen

Ziernadeln (linke Seite) und Broschen (oben) kann man auch aus Perlen-Resten arbeiten

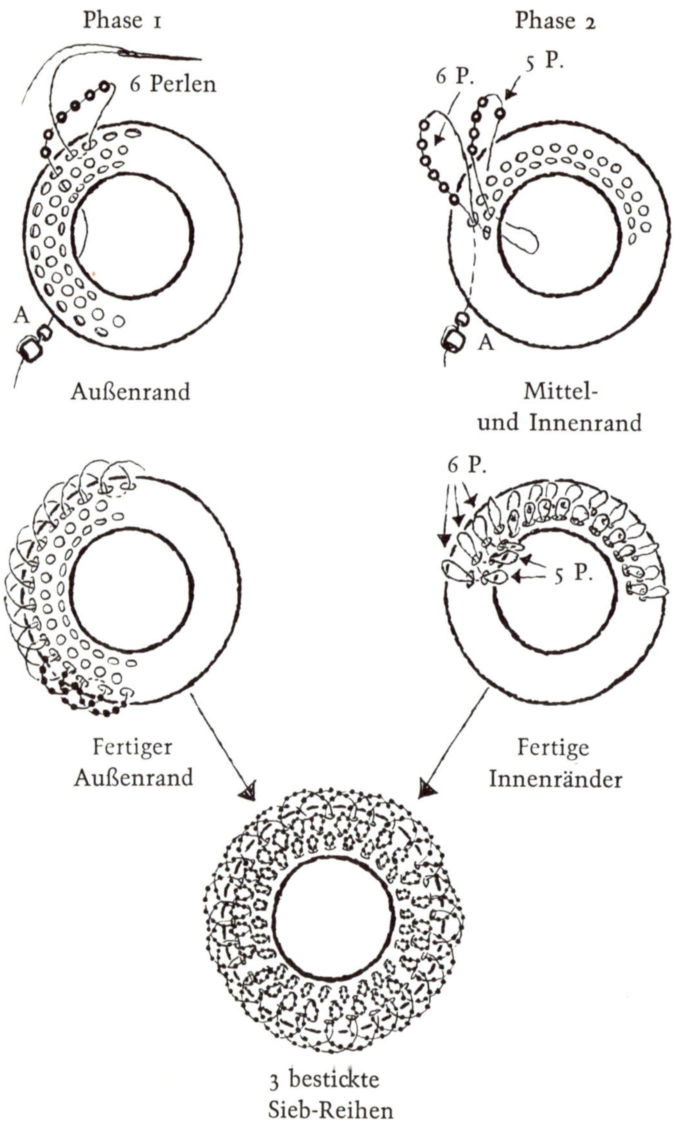

aufgezogen hat, sticht man auch hier wieder durch dasselbe Loch zurück und danach durch das schräg gegenüberliegende Loch der Mittelrunde nach oben. In diesem Rhythmus werden beide Innenränder bestickt: Mittelrunde 6 Perlen, Innenrunde 5 Perlen usw. (Phase 2 der Zeichnung).

Ist das geschehen, befestigt man das Fadenende zusammen mit dem Anfang auf der Unterseite des Siebes in der Kalotte und schneidet die Überstände – nicht zu knapp – ab. Dann wird das Sieb mit den Klammern auf der Mechanik befestigt.

Brosche mit Perlenfransen

Um die linke Brosche vom Foto genau nachzuarbeiten, braucht man: 1 Broschenmontur, 2 cm Durchmesser, 78 Kunststoffperlen, etwa mimosengroß, orange, 1 m dünnen Messing- oder Kupferdraht und 28 Drahtstifte mit Kopf.

Die Zeichnungen zeigen, wie die Brosche gearbeitet wird: Zuerst befestigt man auf dem Broschensieb 14 Perlen, indem man die Drahtstifte von unten nach oben durch die Sieblöcher steckt, je eine Perle aufschiebt und die Enden mit der Rundzange zu kleinen Ösen biegt. Die Drahtstifte müssen, falls sie zu lang sind, gekürzt werden.

Wer keine Drahtstifte mit Kopf bekommen kann, hilft sich, indem er an beiden Enden eines 2 cm langen Drahtabschnitts eine Öse biegt. Die eine Öse dient dann auf der Sieb-Unterseite als Haltevorrichtung (anstelle des Kopfes). In diesem Fall muß man selbstverständlich ca. 30 cm mehr Draht besorgen.

Den 1 m langen Draht zerteilt man in 50 Stücke à 2 cm, auf die man je eine Perle steckt. Die Drahtenden werden alle zu kleinen Ösen umgebogen und so ineinandergehakt, daß folgende Perlenstränge entstehen: 8 mit je 4 Perlen und 6 mit je 3 Perlen. Diese Stränge werden anschließend in beliebiger Anordnung in die am Sieb befestigten Halteperlen eingehängt.

Zum Schluß schiebt man auf die restlichen 14 Drahtstifte (mit Kopf) je eine Perle, biegt die Enden zu Ösen und hängt je eine solche Endperle an jeden Strang. Stehen keine Drahtstifte mit Kopf zur Verfügung, werden auch die Endperlen – wie alle übrigen – mit zwei Ösen versehen.

Bevor man Broschensieb und Mechanik zusammensetzt, werden alle Ösen mit der Rundzange gut zugedrückt.

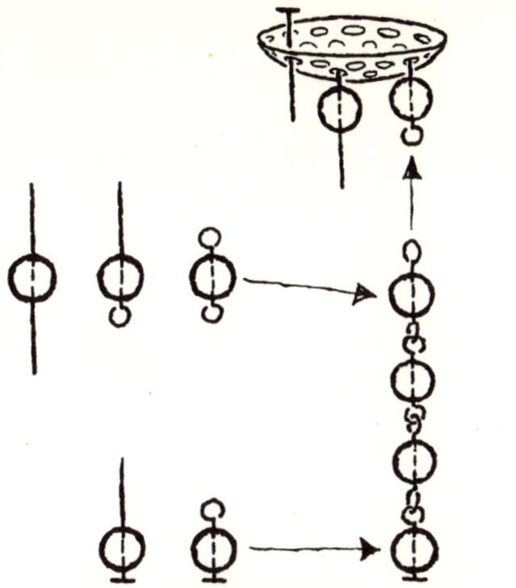

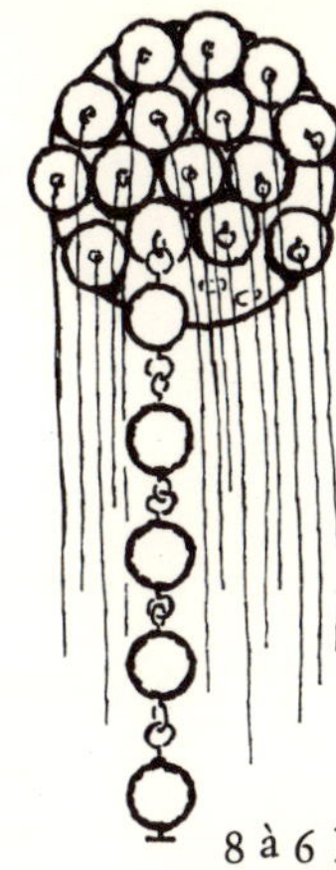

8 à 6 Perlen
6 à 5 Perlen

Ravensburger Hobbybücher

geben Anregungen für neue und alte Bastel-, Werk- und Handarbeitstechniken. Mit Materialien, die man in Bastelgeschäften, Hobbyabteilungen der Warenhäuser und Handarbeitsgeschäften kaufen kann, entstehen individuelle Gegenstände zum Verschenken und Selberbehalten.

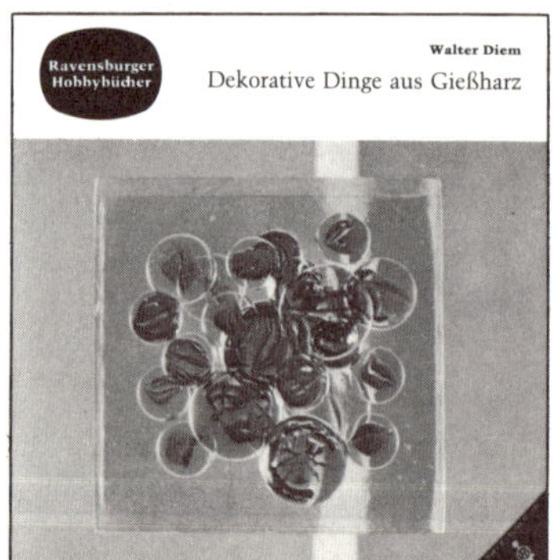

Ravensburger Hobbybücher
Jutta Lammèr
Span und Stroh

Ravensburger Hobbybücher
Jutta Lammèr
Emaillieren und Kupferbemalen

Ravensburger Hobbybücher
Jutta Lammèr
Stoffdruck, Stoffmalerei und Batik

Ravensburger Hobbybücher
Jutta Lammèr
Häkeln - die neueste Masche

Ravensburger Hobbybücher
Dietrich Kirsch · Jutta Kirsch-Korn
Teppiche und Kissen
selbstentworfen - selbstgeknüpft

Ravensburger Hobbybücher
Jutta Lammèr
Alles aus Filz

Ravensburger Hobbybücher
Isolde Schmitt-Menzel
Ton - geformt, bemalt, gebrannt

Ravensburger Hobbybücher
Isolde Schmitt-Menzel
Keramik bemalen

Ravensburger Hobbybücher
Gesa Gross und Heidrun Meier
Strohblumen
Blätter
Blütenblätter